日本型IPOの不思議

価格形成の歪みを解き明かす

金子 隆

慶應義塾大学出版会

はじめに——何かおかしい日本のＩＰＯ

企業が証券取引所に上場する際、通常は株式を発行する。それをＩＰＯと呼び、そのときの価格を公開価格と呼ぶ。市場で初めて成立する価格が初値《はつね》である。詳しい説明は後回しにして、まずは本書の主題と直結した最近の新聞記事を紹介しよう。

> ＩＰＯディスカウントなどの仕組みを否定はしないが、公開価格と市場評価との格差が開きすぎるのは問題だ。同じ株数で本来ならもっと多くの資金を調達できたはずだ。
>
> （２０２１年1月23日付『日本経済新聞』朝刊第13面より）

２０２０年に実施された93件のＩＰＯの初値が公開価格の平均2・3倍に達したことについての記事である。そのなかで、上場後も株価が公開価格の4倍近くの水準にあるＩＴ系企業の幹部の発言をこのように紹介している。

長らく日本のIPOを研究してきた筆者にとって、この記事はある意味で衝撃的であった。平均2・3倍という数字のことではない。日本のIPOに関する記事で企業側の不満を大きく取り上げたのは、筆者の知るかぎり、これが初めてだったからである。[1] この種の記事でよく目にするのは、初値の高騰を受けて「市場から高い評価を受けた」と歓迎する、筆者にいわせれば不可解な、企業経営者の発言である。

もっとも、この記事は逆の立場の意見も平等に紹介している。「初値が高騰しても、株価は時間の経過とともに公開価格付近に落ち着くことが多い」（大手監査法人）とされ、証券会社は「適切な値決めをしている」（国内証券）との姿勢を崩していない。こちらはよく耳にする主張である。

かたや「公開価格が低すぎる」で、かたや「公開価格は適切である」。公開価格と初値の現実的関係を踏まえると、後者の主張は「初値が高すぎる」と言い換えてもよい。はたしてどちらの主張が正しいのか。

これは本書の検討課題の1つであるが、結果を先取りしていうと、全体的には両面とも観察される。しかし、代表的な新興市場である東証マザーズでは、公開価格が低すぎる面が強く表れている。逆に、東証1部になると、どちらもほとんど観察されない。

もしそうだとしたら、日本のIPOは「新興企業が損をして証券会社から割当を受けた投資家が得をする」という構図が、ほぼ成り立っていることになる。

いま、一般に値動きが落ち着いてくる上場1カ月後の市場価格で同数の株式を発行することを想定し、その場合の推定獲得額から実際の獲得額（企業の調達額＋既存株主の回収額）を差し引いた値を求めてみると、東証マザーズの場合、その値は平均で約19億円に達する（2001年以降の20年間）。これは実際の獲得額の約1・2倍である。低すぎる公開価格によりいかに大きな損失を被っているかがわかる。

成長のための資金をＩＰＯで調達したいと考える新興企業にとって、これが成長阻害要因になっていることは明らかである。日本経済が再活性化するためには、新興企業が成長し、その成功事例がより多くの起業家の参入を促し、新たな産業の創出につながるという循環が必要であるが、肝心のファイナンスがこれを妨げている。

同様の損失は、ベンチャーキャピタルのように、成長の初期段階からリスク覚悟で出資してきた既存株主にもあてはまる。これでは、リスクに見合った回収ができているとは思えない。彼らの出資意欲に悪影響を及ぼしていることは、やはり容易に想像できる。

視点を少し変えてみよう。ＩＰＯの初値はなぜこれほどまでに高騰するのか。よくいわれる「答え」を2つほどあげてみよう。

1つは、成長期待の高い銘柄に対して買いが殺到するためというものである。事実、初値が高騰する銘柄には、IT系のように成長期待の高いものが多く含まれている。しかし、もしそうであれば、なぜその成長期待は公開価格にも反映されないのか。経済学をもちだすまでもなく、投資家に人気のある銘柄なら発行価格も高くなって然るべきである。初値だけ極端に高くなるということは、本来ならあり得ない。

もう1つの答えは、需給要因に理由を求めるものである。日本のIPOは発行規模が小さく供給が少ないので、買いが少し集まるだけで初値がすぐに上昇するというわけである。では、なぜその需給要因は公開価格にも反映されないのか。やはり経済学をもちだすまでもなく、供給の少ない銘柄なら、発行価格も高くなって然るべきである。初値だけ極端に高くなるということは、やはりあり得ない。

こうした「答え」からわかるように、日本では、公開価格を需給の論理でとらえる発想がほとんどない。そのため、公開価格が不自然に低くてもそれには目が届かず、高騰の理由をすべて初値に求めようとする。

もちろん、公開前の株式にはそれを取引するオープンな市場は存在しない。したがって、公開価格の決定に需給が反映されにくいのは確かである。その意味で、公開価格の決定は人為的とならざるを得ない。しかし、市場がまだ成立していなくても、公開が予定されている企業の情報は目論見書（後述）を通して開示されており、発行間近の株式に対する需要は投資家の間で間違いなく存在する。財・サービスの世界で、まもなく販売される製品に対する需要がすでにあるのと同じである。

だからこそ、欧米では、機関投資家と呼ばれる大口投資家の需要を（たとえ部分的でも）公開価格に反映させる仕組みが確立されている。そして、その方式は90年代後半から日本にも導入され、定着している。にもかかわらず、本論で明らかにするように、公開価格に投資家の需要が反映されているとはとても思えない現象が観察される。

公開価格が過度に低く決定されていることを認めれば、初値が高騰する理由はいたって簡単である。高いリターンがほぼ確実に約束されているという意味でローリスク&ハイリターンのＩＰＯ株を、投資家は誰もが欲しがる。しかし、供給にはかぎりがあるので、証券会社からの割当だけでは満たされない需要（超過需要）が大量に発生する。その超過需要が上場日に一気に表面化し、株価が本来の水準に戻るだけのことである。

欧米では、ＩＰＯのリターンが高い現象のことを、研究者のみならず実務家も過小値付け（アンダープライシング）と呼ぶ。同じ現象を指しているにもかかわらず、初値に原因を求める日本とは発想がまったく逆である。

図表０・１は、主要先進国について、２００１年以降の20年間に実施されたＩＰＯの平均リ

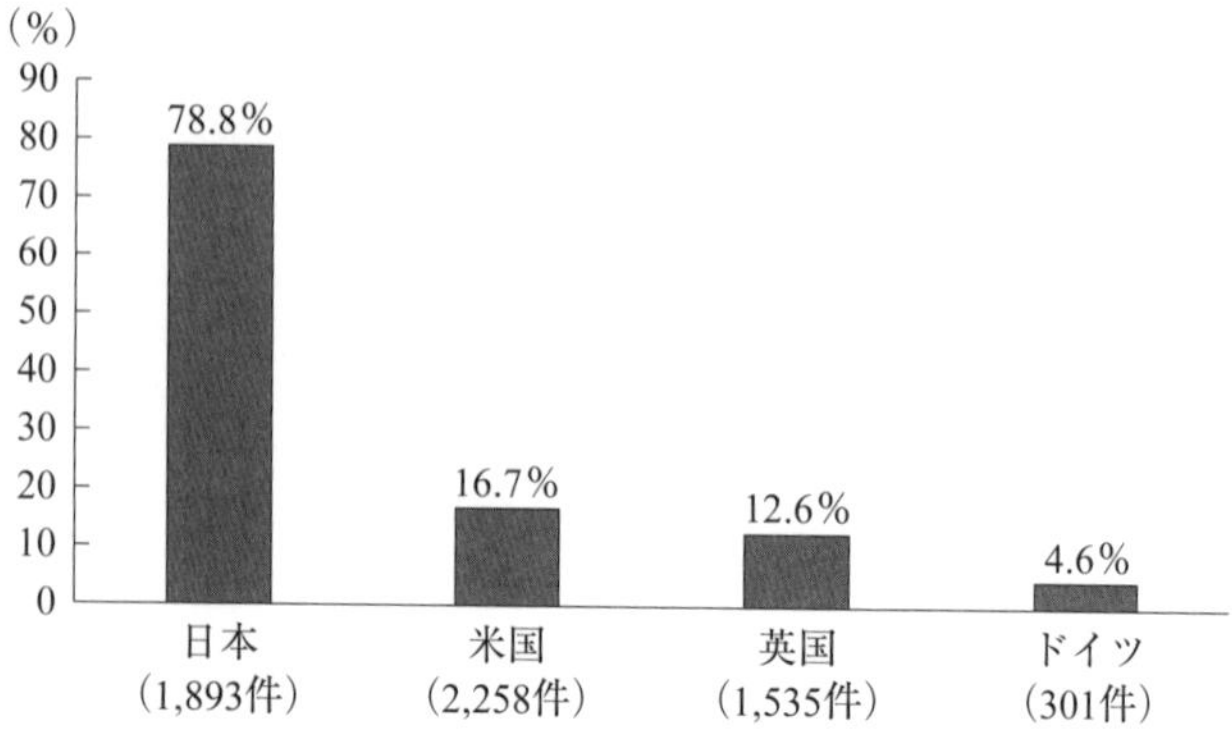

注：ここでいうリターンとは、新規公開株を公開価格で取得し、初約定日の終値で売却した場合の収益率（初期収益率）のこと。いずれも2001年1月から20年12月までに実施されたIPOを対象。詳しくは第4章2参照。
出所：日本は筆者構築データベース（巻頭参照）、欧米3ヵ国はJ.リッター教授提供。

図表0・1　主要先進国のIPOの平均リターン

ターンを比較したものである。これをみるとわかるように、日本のＩＰＯの平均リターンは群を抜いて高く、欧米3ヵ国のそれを60%ポイント以上上回っている。

同図のデータ提供者であるＪ・リッター教授（フロリダ大学）の公表サイトによると、世界54ヵ国の中でＩＰＯの平均リターンが日本より高いのは、アラブ首長国連邦、サウジアラビア、中国、ヨルダン、インド、韓国、マレーシア、ギリシャの8ヵ国だけである。

ＩＰＯのリターンが高いこと自体、じつは問題でない。重要なのは、それがリスクの高さに見合っているかどうかである[2]。先進国の中で、日本だけＩＰＯ株のリスクが突出して高いと考える理由はあるだろうか。

ベンチャーキャピタルが十分発達していな

いこともあり、日本では、リスクの高い初期の段階から上場を選択せざるを得ない企業が多いのは確かである。また、投資判断に必要な情報の開示が不十分で、投資家の感じるリスクが大きいという面もあるのかもしれない。しかし、そうした理由だけで60％ポイント超のリターン格差を説明できるだろうか。常識的に考えて無理である。

もし何らかの理由で、リスクに見合う以上のリターン（以下、余分なプレミアムと呼ぶ）が割当先の投資家に提供される状況が続いたら、国民経済的にみてどのような弊害が生じるか。いろいろ考えられるが、直接的には投資家をスポイルすることになる。

たとえていうなら、一部の従業員が労働力に見合う以上の報酬を得ている企業のようなものである。他の従業員は、マジメに働くのをやめて一部従業員のようになろうとするか、バカバカしくなり企業を辞めてしまう。同様のことはＩＰＯにもあてはまる。

すなわち、そうした状況下では、「リスクに見合うリターンが見込まれるなら株式を長期で保有してもよい」と考える投資家は、ＩＰＯ取引に参加してこない。何とかして証券会社からＩＰＯ株の割当を受け、初日に売り抜けることで余分なプレミアムを得ようと考える投資家ばかりが参加してくる。否、誰もがそういう投資家になりたがる。と同時に、ＩＰＯ株を長期で保有することの魅力を感じなくなる。言葉は悪いが、ＩＰＯ市場は短期利得追求者の草刈場と化す。

これが「貯蓄から投資へ」をスローガンとして掲げる国のあるべき姿だろうか。国民に、健全な資産形成の一環として（預貯金などの安全資産ばかりでなく）株式や投資信託を長期的に保有してもらい、それを通してリスクマネーの安定的な最終供給者になってもらうことなど、望めそうにない。もちろん、IPOだけが問題なのではないが、株式のデビュー時からしてこうであるから、推して知るべしといえよう。

断っておくが、筆者は短期利得追求者を非難しているわけではない。彼らはきわめて合理的な行動をとっており、意識せずとも市場の効率化に貢献している。問題は、これから本書で明らかにするように、初日売り抜け行動を有利なものにしてきた価格形成の「歪み」にある。本来なら市場の力で消えるはずの余分なプレミアムが、毎回のように発生しているというのは、価格形成に人為的な力が働いているからにほかならない。

この歪みを放置したら、日本は「IPO後進国」と揶揄されても仕方ない状況が今後も続くことになる。何より、このままでは新興企業も投資家も健全には育たない。

本書では、なぜ日本のIPOは異常なほどリターンが高いのかという謎を解く形で、歪みの実態を示し、その原因を明らかにし、是正に向けた提言を行う。なかでも最大の目的は、IPOの価格形成がいかに歪んだものになっているかを読者に理解してもらい、問題意識を共有してもらうことである。それができれば、後半で展開する筆者の解釈や提言は、今後の論議に向けての試論にすぎないので、本書の目的は達成されたのも同然である。

最後に、次の点を強調しておきたい。ＩＰＯにかぎったことではないが、この種の議論は制度（事務手続きを規定している規則を含む）の影響を強く受ける。本書の主題であるＩＰＯの値付けに関する制度は、公表資料や関係者への質問を通して、筆者なりに学んだつもりである。しかし、見落としや理解不足による間違いがあるかもしれない。

もし、そうした間違いがなければ筆者の主張は根本的に変わっていたはずというのであれば、読者の指摘に素直に耳を傾けたい。その際、第２部で紹介する奇妙な現象をどう説明したらよいのか、できれば代わりの解釈を聞かせて欲しい。それが説得力ある解釈であれば、自説を改めることに筆者はやぶさかでない。

【注】

（１）同様の不満は、未上場企業に出資するベンチャーキャピタルからも出ている（２０２１年１月11日付『日本経済新聞』朝刊第７面「上場は後回し、成長優先」）。

（２）ここでいうリスクは、あくまで便宜上の表現であり、投資家が嫌うもの――それを受け入れる代わりに対価としての報酬（プレミアム）を要求するもの――を総称した言葉である。

【データの出所と入手可能性】

本書で使用した日本のＩＰＯデータは、筆者が30年以上にわたり種々の媒体から収集し、構築してきたデータベースからのものである（利用媒体名については金子（２０１９）25頁参照）。このデータベースの一部は、Ｊ・リッター教授がＩＰＯ研究に資する目的で開設しているＩＰＯデータ用ウェブサイト（左記）のジャパンページに、スプレッドシート形式で掲載されている。本書で使用するデータの多くはそこから入手可能である。また、このサイトには、本書で紹介する米国のＩＰＯデータの多くが掲載されている。

https://site.warrington.ufl.edu/ritter/ipo-data/

目　次——日本型ＩＰＯの不思議

第4章　現行方式下の日本だけ突出して高いリターン　79

第5章　公開価格と初値のどちらに原因があるのか　91

第6章　小規模IPOほど極端に高くなるリターン　111

第1部

IPOの基礎知識——歪みを理解するために

Initial Public Offerings

第1章から第3章までの第1部は、IPOにおける価格形成の「歪み」を理解するための準備作業ともいうべきパートである。

具体的には、IPOに関する基本概念と用語、公開価格の決定に至るまでの仕組み、日本の新興企業が小規模のうちからIPOを選択することの意味、固有のリスクゆえに高くならざるを得ないリターン（初期収益率）、IPOに潜む利益相反の可能性などを解説する。

こうした点について一定の知識のある読者は第2部第4章から読み始めても構わない。

第1章 IPOの仕組み

本章では、公開価格の決定に至るまでのIPOの仕組みを解説する。ただし、実務書ではないので、以下の議論に必要な範囲と程度にとどめている[1]。

なお、2022年4月より東京証券取引所では市場の再編が予定されている。過去のデータに基づいて議論をする関係で、本書で分析の対象となるのは再編前の市場である。しかし、市場区分の見直しがなされても、議論の本質に変化は生じないと筆者は考える。

1　ＩＰＯとは——基本的な概念と用語

あらためてＩＰＯとは

企業の株式を不特定多数の投資家が自由に売買できるようにすることを、株式公開または上場という。厳密には、証券取引所での株式公開のことを上場といい、証券会社の店頭で取引がなされる店頭市場での株式公開——これを店頭公開という——と区別する。つまり、上場は株式公開の一部である。もっとも、日本では、かつて店頭市場だったジャスダックが２００４年12月に証券取引所に業態転換したので、両者を区別する実際上の意味はほとんどない(2)。本書では特に区別せずに２つの言葉を使う。公開企業と上場企業（非公開企業と非上場企業）も、日本の場合、ほぼ同義と考えてよい。

日本では、ＩＰＯ（Initial Public Offering）を株式公開または新規上場と訳すことが多い。それで問題はないのだが、厳密にいうとその訳は間違いである。「Offering」という言葉の意味を考えればわかるように、ＩＰＯとは上場時に、不特定多数の投資家を対象に、株式を「発行する」ことである。発行を伴わない上場もある（第２章で解説）。ちなみに、株式公開に相当する英語は「going public」であり、新規上場に相当する英語は「new listing」である。

発行の形態と価格

上場時に発行される株式のことを、新規公開株またはIPO株という。発行の形態は2つある。1つは、企業が新規に株式を発行するもので、これを公募ないし募集という。もう1つは、創業メンバーやベンチャー・キャピタルなどの既存株主が保有株式を手放すもので、これを売出しという。公募の場合、資金を手にするのは企業であり、売出しの場合、資金を手にするのは株式を手放した既存株主である。

公募と売出しに適用される価格をそれぞれ公募価格と売出価格という。多くの企業は上場時に公募と売出しの両方を行い、その場合、2つの価格は必ず一致するので、両者を総称して「公開価格」と呼ぶ。本書でいうIPOの値付け（もしくは値決め）とは、公開価格の決定のことである。

公開価格が適用される売出しと、売出しに応じずに上場後に市場で売却することとは、まったく意味が異なる。実際のところ、後者に関しては、既存株主に一定期間――その多くは6ヵ月ないし3ヵ月――の売却制限が課されることが多い。つまり、上場後しばらくは売却することができない。これは上場後の急激な値崩れを防いだり、既存株主が短期間で利益を得る行為を防いだりするための規制で、ロックアップと呼ばれる。

公開価格に発行株数（公募・売出し株数）をかけたものを発行総額といい、IPOの発行規模を表す指標として用いられる。実務の世界では、市場から吸い上げる資金の大きさという意味で、吸収資金と呼ばれることが多い。

なぜ上場時に株式を発行するのか

そもそも、なぜ上場時に株式を発行するのか。当該企業の観点からは、公募によって成長資金を調達するためであり、売出しによって既存株主に投資の回収機会を提供するためである。しかし、それだけが目的であれば、なにも上場時にこだわる必要はない。上場後であっても理屈のうえでは可能である。

市場の観点からは、もっと別の理由がある。ＩＰＯを実施する企業は、一般に知名度が低いので、いきなり上場したのでは買い手がつかず、活発な取引は期待できない。活発な取引がされていない株式を投資家が大量に購入（ないし売却）したらどうなるか。いわゆる「市場の厚み」がないので、それだけで価格は大きく上昇（ないし下落）してしまう。これを流動性の低い株式という。これでは投資家は敬遠してしまう。

そこで、あらかじめ株式投資の判断材料となる情報を記載した冊子――これを目論見書《もくろみしょ》という――を投資家に配布して購入希望者を募り、公開価格で割り当てておく。そのうえで上場日を迎えれば、初日から活発な取引が期待される。つまり、公募や売出しによってあらかじめ株式に流動性を付与しておくわけである。

逆にいうと、未上場の段階から知名度が高く、人気の高い企業であれば、あらかじめ流動性を付与しておかなくても、初日から活発な取引が期待される。第2章で説明する直接上場がこれである。

会計監査と上場審査

企業が上場するためには、証券取引所の定めた上場審査基準をパスしなければならない(3)。上場手続きの形でその審査を実質的に担っているのが、後述する証券会社である。その前段階として、企業は監査法人から上場に向けて解決すべき課題を示され、指導・助言を受ける。そうしてガバナンス、利益管理、業務管理などに関する社内体制を整えたのち、監査法人から会計監査を受け、計2期間分の監査証明を取得する。ショートレビューと呼ばれる最初の課題抽出調査から始まって、監査証明を取得し、上場審査を通って実際に上場するまで、日本の場合、最低でも3年はかかるといわれている。この準備期間の長さやそれに伴う諸費用は、上場コストの一部として認識しておく必要がある。

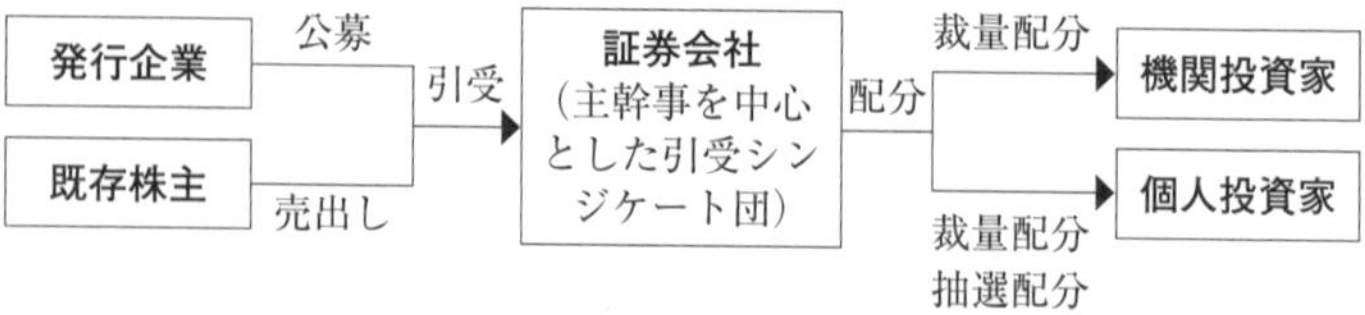

注１：投資家が証券会社に支払う価格が公開価格、証券会社が発行企業に支払う価格が引受価額。２つの価格差（スプレッド）が証券会社の受け取る引受手数料。
２：個人投資家への抽選配分が一部義務化されたのは2006年８月以降（コラムB参照）。それ以前は各社の自主判断で実施。なお、ここでいう裁量配分とは抽選配分以外の方法を指す。
出所：筆者作成。

図表１・１　証券会社によるIPO株の引受と配分

証券会社の役割

発行される株式を企業から引き受けて投資家に配分する役割を果たすのが、引受業者である（図表１・１）。米国では投資銀行がこれを担い、日本では証券会社の引受部門がこれを担う。引受とは、投資家に販売する目的で発行会社から株式を買い取ることである[4]。この引受があるおかげで、企業は資金を安定的に調達することができる。一方、証券会社は売れ残りのリスク（引受リスク）を負う。

引受に対する報酬として、証券会社は引受手数料を受け取る。その決め方として今日定着しているのがスプレッド方式と呼ばれるものである。たとえば、発行企業と証券会社の交渉により、公開価格が５００円、引受手数料率（スプレッド）が８％でそれぞれ決まったとしよう。この場合、投資家に１株５００円で販売し、そこから証券会社の手数料40円が差し引かれ、残りの４６０円——これを引受価額という——が企業に支払われる。企業にとっての40円は、キャッシュの流出を伴う費用ではないが、証券会社に引受を依頼することで生じた費用であることに変わりはない（実際の引受手数料率についてはコラムA参照）。

新規公開株の引受を証券会社が1社で行うことはまずない。引受リスクを分散させるため、引受シンジケート団を組成して、主幹事証券会社がこれをとりまとめる（以下では単に主幹事と呼ぶ）。主幹事は、上場手続きに関する企業とのやりとり、シンジケート団構成メンバーの引受シェアの決定、公開価格の決定などにおいて中心的な役割をはたす。大型の案件や海外発行を伴う案件（グローバル・オファリング）の場合、複数の主幹事が共同でこれを務める。その場合も、トップレフトと呼ばれる筆頭主幹事がいて、中心的な役割をはたす。主幹事の引受シェアは必然的に高く、全案件でみた平均は直近20年間で約7割である。

主幹事の決め方について簡単に触れておこう。最近では、上場の約2年前に、複数の候補証券会社にビューティコンテストと呼ばれるプレゼンテーションを実施してもらい、その中から企業が選定するという方法が定着している。プレゼンの内容は、上場に向けての課題、上場時の企業価値評価、投資家への成長戦略の説明（エクイティ・ストーリー）などである(5)。

公開価格の決定方法とＩＰＯ株の配分方法については、節をあらためて解説する。

◥初値と初期収益率

上場後、市場で初めて成立する株価のことを初値《はつね》という。正確には、初めて取引が成立した日——これを初約定日《やくじょうび》という——の株価のことを指す。

株価の異常な急騰や暴落を防ぐため、日本の証券取引所は1日の価格変動幅を上下一定範囲で制限している。株価が上限ないし下限に達した場合、取引は成立せず、翌営業日に持ち越される。これを値幅《ねはば》制限という。IPOにもこれが適用されるので、上場日と初約定日は必ずしも一致しない。人気のある銘柄の場合、初値成立まで2営業日以上かかることは珍しくない。

初値が公開価格をどれだけ上回ったかを示す比率のことを初期収益率と呼ぶ。本書では単にIPOのリターンともいう。実務の世界では初値騰落率と呼ぶことが多いが、この言葉は「IPOのリターンが高いのは初値のせいである」という先入観を与えかねないので、ここでは使用しない。いずれの表現を使うにせよ、この比率は「公開価格でIPO株の割り当てを受けた投資家が初値で売り抜けた場合にいくら儲かるか」を表している。

初値として何を用いるかにより、初期収益率の測り方には2通りの方法がある。1つは初約定日の始値を用いる方法であり、実務の世界ではこれが一般的である。しかし、IPO研究者の間では終値を用いる方法がよく採用される。IPOの場合、始値よりも終値の方が価格に含まれる雑音的情報（いわゆるノイズ）が少なく、公開時点の企業価値をより正しく表していると考えられるからである。本書では常にこの方法で初期収益率を計算する。(6)よく知られているように、ＩＰＯについては昔から世界中で高いリターンが観察されている。このことの意味については第3章で、実情については第4章で、それぞれ考察する。

2　新規公開株の配分方法

機関投資家と個人投資家への配分

順序は逆になるが、公開価格の決定方法を説明する前に、証券会社による新規公開株の配分方法をみておこう。あくまで現行方式のもとでの話である。

図表1・1で示したように、配分先は機関投資家と個人投資家に大別される。機関投資家とは、顧客（個人や非金融事業法人など）から預かった資金をプールして株式・債券などで運用・管理する法人投資家の総称である。日本の場合、生命保険会社、損害保険会社、年金基金、投資信託会社、投資顧問会社、信託銀行などが主なものである。個人投資家との決定的違いは、総じて大口であることと、投資情報の収集・分析・評価に優れたプロであることの2点である。

引き受けた新規公開株を機関投資家と個人投資家にどう配分するかについては、特にルールが定められているわけではない。慣例として、引受各社は投資家から需要申告を受ける前に配分比率を決めているようである。販売計画を立てるうえでやむを得ないようであるが、投資家の需要が判明する前に両者への配分比率が決まっているというのは、ある意味、おかしな話である。決められた比率のもとで立てられた販売計画を達成するために、無理な販売営業がなされる可能性は多分にある。

実際の配分比率であるが、主幹事の引受分にかぎると、個人投資家向けが平均7割弱である。ただし、東証1部クラスの大型案件になると、機関投資家向け販売が増えるので、この比率は低くなる傾向がある。(7)

個人投資家への配分――抽選 対 非抽選

個人投資家への配分方法は、機械的に割り当てがなされる「抽選」と、証券会社独自の判断で割り当てがなされる「非抽選（以下、裁量とも呼ぶ）」に大別される。ただし、前者は同一条件で行われる抽選――具体的には、1人1票が与えられる完全平等抽選と、申込口数に比例して票が与えられる口数比例抽選――ばかりとはかぎらない。たとえば、投資信託などの預かり資産残高や過去に支払った手数料により当選確率が変わるステージ別抽選を実施している証券会社もある。これなどは裁量的性質を備えた抽選といえよう。

かつては、1投資家あたりの配分回数や配分数量が厳しく制限されていたが、1997年9月に現行のブックビルディング方式（後述）に移行してから、配分方法は引受各社の裁量に任されるようになった。その結果、個人投資家から、配分の仕方が不透明であるという苦情や、特定の者を優遇して配分が行われているのではないかという不満が多く寄せられた。そこで、日本証券業協会は、2006年8月、「個人投資家向け配分予定数量の10％以上を抽選」とする自主規制を導入し、今日に至っている（詳細はコラムB参照）。

抽選によらない個人投資家への配分や機関投資家への配分は、依然として証券会社独自の判断でなされている。ただし、公正を旨とする配分を義務づけた日本証券業協会の規制があり、引受各社はそれに従う必要がある。

具体的には、引受各社が社内規則で配分方法を定め、「株券等の配分に係わる基本方針」としてインターネットなどで公表している。それによると、抽選による配分については個人1人あたりの販売数量を1単元（100株）と定め、抽選によらない配分については個人1人あたりの平均販売数量を「10単元程度」と定めているところが多い。

一方、機関投資家への配分については、ほぼ各社とも「当社の把握した需要状況などを考慮のうえ適切に実施するよう努める」旨を記しているにすぎない。実際の配分方法は、引受シンジケート団で決められているようであるが、詳細は不明である。

3　公開価格の決定方式

人為的に決めざるを得ない公開価格

既上場企業による株式発行のことを、IPOと対比させてPOと呼ぶ。発行価格の決定に関していうと、両者の最大の違いは「市場の株価を前もって観察できるかどうか」である。ここでいう市場とは、証券取引所のように、不特定多数の参加者が一定のルールのもとで競争売買的に取引を行って価格が決定される、いわば制度化された市場のことである。

POの場合、直近の株価をもとに発行価格を決めることができる[8]。しかし、IPOの場合、制度化された市場が存在しないので、前もって株価を観察することができない[9]。

そのため、公開価格の決定はどうしても人為的とならざるを得ない。かといって、当事者が勝手に決めるわけにもいかない。そこで、各国は公開価格の決定方式をそれぞれに定めて導入している。それらは、大別すると固定価格方式（日本での名称は類似会社比準方式）、入札方式、ブックビルディング方式の3つである。このうち、固定価格方式は過去のものとなっているので、現在の日本で（制度上は）利用可能な後者2つを紹介する。

◥需給実勢重視型　対　適正価格重視型

決定方式には、何を重視して公開価格を決めるかという基本原則により、2つのタイプがある。1つは、公開前の投資家の需要を何らかの方法で探り、その強さを反映させる形で公開価格を決定するものである。その代表格が入札方式である。背後には「価格を決めるのはあくまで市場参加者の平均的意見である」というシンプルな考え方がある。

もう1つは、適正価格を重視した決定プロセスを踏むもので、その代表格がブックビルディング方式である。適正価格とは、簡単にいうなら、企業の実力を反映した本来の株価水準（いわゆるファンダメンタル価値）のことである。いずれ収斂していく株価水準と考えてもよい。では、誰がそれを判断するのか。一般的には、企業価値や市場動向に関する情報を収集・分析・評価する能力に優れているという意味で「価格発見能力が高い」とされる機関投資家である。背後には「個人投資家は必ずしも適正価格を意識して行動しているわけではない」という暗黙の前提がある。

2つの考え方の違いを端的に示したのが図表1・2である。右辺分子の初値は公開「後」の需給を反映して決まる。これはどの方式も共通である。問題は、分母の公開価格を決める際、公開「前」の需給を重視するか、それとも適正価格を重視するかである。

このように説明すると、需給を反映した価格と適正価格とは根本的に相容れないように思わ

1＋初期収益率 ＝ 初値／公開価格

- 初値 ← 公開「後」の需給を反映（共通）
- 公開価格 ←
  - ■入札方式：公開「前」の需給を反映させる形で決定
  - ■ブックビルディング方式：適正価格を重視して決定

出所：筆者作成。

図表1・2　公開価格の決定に関する2つの考え方

れるかもしれない。しかし、必ずしもそうではない。欧米の投資銀行が扱うＩＰＯのように、購入者の大半を機関投資家が占める場合、理屈からいって2つの価格は大きく乖離することはない。

問題は、適正価格を判断するのが機関投資家で、購入者の大半が個人投資家というように、2つの投資家層に大きなズレがある場合である。後述するように、日本がこれに相当する。

日本の入札方式

1989年4月に導入された入札方式は、2段階で公開価格を決定する。まず、新規公開株の一部を複数価格方式の入札にかける。これは、投資家に各自の希望する価格を札に書かせて提出させ、入札価格の高い順に予定株数に達するまで落札していく方式である。落札者は自分の希望した価格（ビッド）で購入することになるので、いくらで入札するかの巧拙が投資家にとって重要となる。

次に、その落札結果をもとに、残りの株式（非入札部分）の公開価格を決定する。当初は、落札加重平均価格がそのまま公開価格として採用されていた。途中から制度が変更となり、主幹事が入札状況や需要見通しなどを勘案して落札加重平均価格を割り引くことが可能となり、そのうえで公開価格が決定されるようになった。

投資家への配分については、入札部分・非入札部分ともに、取得株数や配分回数が厳しく制限されていた。たとえば、投資家が取得できる株数は、5000株以下の範囲内で主幹事が定める1単位に制限されており、当時、多くの1単位は1000株であった。[10] 1投資家には年間4銘柄までしか配分できないという制約もあった。

このように、入札方式下では、値付け面においても配分面においても引受証券会社に裁量の余地はほとんどなかった。また、取得株数制限があったため、大口の機関投資家の需要が実質的に締め出されていた。その結果、投機的姿勢が強いとされる個人投資家の需要が公開価格の決定を大きく左右するようになり、IPO人気で吊り上げられた公開価格が上場後に値崩れするという事例が多くみられた。

有名無実化した入札方式

そこで証券会社は、日本証券業協会を通して、大蔵省証券局（当時）に入札方式の問題点を指摘し、制度の改善を要望した。そして、「国際的に整合性があり、市場機能による適正な価格形成が期待できるブックビルディング方式を導入する」（日本証券業協会（1997）、傍点筆者）ことを提言した。はたして入札方式以上に市場機能があるかどうかは疑問だが、この文面からも適正価格を重視して現行方式の導入を提言していたことがうかがえる。

その後、証券取引審議会（当時）による審議・答申を経て、1997年9月に入札方式と選択可能な形でブックビルディング方式が導入された。そのときの答申によれば、「現行方式も存続させ、いずれの方式をとるかについては、発行体と引受証券会社がそれぞれのニーズに応じて判断できるようにすることが望ましい」とある（佐々木（2007）参照）。

しかし、新方式の導入以来、移行過程ともいえる最初の1ヵ月余を別とすれば、入札方式が採用されたケースはこれまで一度もない（2021年8月末現在[11]）。上場申請時に所管の財務局に提出される有価証券届出書には、いまだに「入札方式による募集・売出し」欄と「ブックビルディング方式による募集・売出し」欄が併記されているが、前者は常に空欄のままである。つまり、入札方式は制度としては存在するが、完全に有名無実化している。

日本のブックビルディング方式

ブックビルディング方式というのは、あらかじめ定められた価格帯（仮条件）のもとで、投資家から需要申告を受け付け、集計結果をもとに公開価格を決定する方式である。具体的なプロセスは国によって異なる。以下では日本の場合を紹介する。

想定発行価格の決定　まず、主幹事が同業他社の株価と財務指標をもとに、マルチプル法と呼ばれる手法を用いて、理論価格を算定する。次に、そこからＩＰＯディスカウントと呼ばれる割引を行い、想定発行価格を決定する。その際の割引率は、通常、20～30％程度といわれており、「マーケット環境が悪ければ最大50％程度」（みずほ証券編（２０１４））にもなる。この段階でかなりのディスカウントがなされている。詳しくは第7章で説明するが、日本では届出前の需要調査（いわゆるプレ・ヒアリング）が行われていない。そのため、想定発行価格には投資家の需要がほとんど反映されていない。この点は重要な意味をもつ。

届出書の提出と目論見書の配布　想定発行価格は、それをもとに算出される発行見込額などとともに有価証券届出書（以下、届出書）に記載され、財務局に提出される。[12] 届出書の記載事項とほぼ同じ内容を記載した目論見書が投資家向けに配布される。

ロードショーとヒアリングの実施　届出書が提出されたのち、機関投資家を対象に、ロードショーと呼ばれる会社説明会が開催される。終了後、主幹事は参加者を対象に、妥当株価水準や申込予定株数についての需要調査（ヒアリング）を実施する。その際のアンケート用紙には、目論見書に記載された想定発行価格の妥当性を問う欄もある。

仮条件の決定　ヒアリングの結果と直近の市場動向などを踏まえ、仮条件と呼ばれる価格帯（上限、下限）が決定される。[13] 仮条件決定のイニシアチブを握っているのは、通常、主幹事である。仮条件は訂正目論見書を通して投資家に公表される。

ブックビルディングの実施と公開価格の決定　その後、ブックビルディングの期間が5営業日ほど設けられる。具体的には、引受シンジケート団を構成する証券各社が、本支店の営業部門を通して、顧客から需要申告（購入希望価格と購入希望株数の提示）を受け付ける。[14] 投資家の提示できる価格は仮条件の範囲にかぎられている。抽選申込もこの期間中に行われる。各社は需要申告の結果を集計し、主幹事に報告する。主幹事はこれをさらに集計し、最多価格帯や申込分布状況を勘案のうえ、公開価格を決定する。[15]

オーバーアロットメント　ブックビルディングで投資家の需要が予想以上に強いと主幹事が判断した場合、当初の発行予定株数の15％を上限に、大株主から株式を借りて追加的に売り出すことができる。適用される価格は、当初の募集・売出しと同様、公開価格である。これをオーバーアロットメント（ＯＡ）という[16]。ＯＡによる追加売出しは需要申告の集計後になされるので、その配分は主幹事に一任される。しかも、前節で述べた10％ルールは適用されない（コラムB参照）。

申込期間を経て上場へ　決定された公開価格は再び訂正目論見書を通して投資家に公表される。抽選・非抽選にかかわらず、証券会社から配分決定の知らせを受けた投資家は、その後の申込期間中に正式な購入申込を行う。こうして公開価格決定から約7営業日後に上場日を迎える。

以上から明らかなように、ブックビルディング方式の核となっているのは仮条件である。主幹事が機関投資家の意見を踏まえて仮条件を決定し、その範囲で需要申告を受け付けるというところに、適正価格重視の考え方が表れている。

最後に、次の2つの点を強調しておきたい。まず、日本のブックビルディング方式では、主幹事が投資家の需要の強さを探る機会は2回ある。1つは、機関投資家を対象としたロードショー後のヒアリングであり、もう1つは、個人投資家も含めて広く投資家が需要を申告してくるブックビルディングである。ただし、これらの機会が公開価格の決定に生かされているかどうかは別問題である。

次に、入札方式と比較した場合の裁量の余地である。すでに述べたように、入札方式下では、値付け面でも配分面でも引受証券会社に裁量の余地はほとんどなかった。これと比べて、ブックビルディング方式下では、両方の面において引受証券会社とりわけ主幹事の裁量の余地はきわめて大きい。

米国との違い① 仮条件の制約に縛られる慣習

ここで、ブックビルディング方式の本場である米国との違いを3つ述べておこう。ただし、形式的な違いではなく、あとの議論で意味をもってくる実質的な違いである。

第1に、米国では、投資家の需要が予想より強い（あるいは弱い）場合、最初に設定した仮条件に縛られることなく公開価格を決定できる。その方法は2つある。1つは、仮条件を上方に（あるいは下方に）修正し、その範囲内で決定する方法である。その場合は、届出書の訂正が必要となる。

もう1つは、上限プラス20％（あるいは下限マイナス20％）の範囲内であれば仮条件を修正せずに決定することが証券取引委員会（ＳＥＣ）により認められているので、それを利用する方法である。[17] Ｊ・リッター教授によると、最近はこちらが大半である。

いずれの方法をとるにせよ、投資家の需要が予想以上に強ければ、最初に設定した仮条件の上限を超えて公開価格を決定することができる。

これに対して日本では、投資家の需要がいくら旺盛でも、最初に設定した仮条件の上限を超えて公開価格を決定することは、業界の慣習としてない。正確にいうと、仮条件の上方修正を伴って決定されたことは過去に数件あるが、上方修正を伴わずに当初の上限を超えて公開価格が決定されたことは一度もない[18]。同方式の導入当初は、大蔵省証券局（当時）より公開価格を仮条件の範囲に収めるよう指導がなされていたようであるが、いまではそれが証券業界の慣習として引き継がれている[19]。

第7章でみるように、日本では、9割以上のＩＰＯにおいて、公開価格が仮条件の上限で決定されている。仮条件のもつ硬直性が初期収益率に及ぼす影響は容易に想像できる。

米国との違い②　値付けに影響力のない個人投資家が購入の主役

第2に、実際にＩＰＯ株を購入する投資家層が日米で大きく異なる。米国では購入者の約8割が機関投資家であるのに対して、日本では約7割が個人投資家である[20]。この購入投資家層の違いは、第1の点と密接に関連して、値付けへの影響力の違いとなる。

米国の場合、ブックビルディングに参加する機関投資家の需要が値付けに反映される仕組みとなっている。すなわち、主幹事は、当初の仮条件に縛られることなく、機関投資家の意見をある程度反映させるよう公開価格を決定する。

これに対して日本では、ブックビルディングに参加するのは大半が個人投資家である。一般に、機関投資家は小型案件に関心を示さない。小型案件は総じてリスクが大きく、投資の規模が小さく、株式の流動性が低いためである。そのこと自体は日本も米国も同様だが、米国と違って、日本では小型案件がＩＰＯの大半を占めている。

そのため、ブックビルディングで投資家の需要がいくら強くても、それが値付けに反映されることはない。せいぜい仮条件の上限で決まるだけである。

米国との違い③　公開価格決定から上場までの価格変動リスク

第3に、公開価格決定から上場までの所要日数が日米で大きく異なる。日本では約7営業日(暦日数にして約10日)かかるのに対して、米国では翌営業日に上場を迎える。所要日数にこれほどの差が出る背景には、上場制度の違いや投資家層の違いがあるが、ここでは省略する。重要なのは、日本の場合、期間中の価格変動リスクが問題となり、それを理由に公開価格が割り引かれる可能性があるという点である。

◥ブックビルディング方式を継続すべき現実的理由

では、2つの価格決定方式のどちらが望ましいのか。ＩＰＯ研究者の間でも意見は大きく分かれている。(21) 筆者も含め、オーソドックスな経済学を学んできた者の多くは、需給を反映して決まる入札方式の方が「理屈では」望ましいと考える。しかし、本書では、次の2つの現実的理由により、ブックビルディング方式を継続するのが妥当と考え、それを前提に話を進める。

第1に、今日、ブックビルディング方式は値付けのグローバル・スタンダードとして完全に定着している。世界に開かれた資本市場を目指すかぎり、いまさら入札方式に全面的に戻すことは現実的でない。入札方式も選択肢として残しておく必要はあるが、有名無実化した方式をそのまま残すのではなく、より魅力的なものとなるよう改良を加える必要がある。この点は第11章で論じる。

第2に、これから本書で示すように、日本のブックビルディング方式のもつ弊害は、それに対する正しい認識があるかぎり、十分に解消できると思われる。事実、同方式の本場である米国では、本書で問題視するような現象はほとんど起こっていない。

コラムA

引受手数料率の実際

引受手数料については、このあと触れる機会がないので、ここで実際の値をみておこう。引受手数料率の決定と公開価格の決定は、企業と主幹事の交渉を通してほぼ同時になされるので、本来はセットで論じられるべきである。しかし、本書では価格形成の歪みの問題に専念するため、以後、引受手数料率は所与とみなして議論を進める。

図表1・3はIPO時の引受手数料率（中央値）を発行規模別と期間別に示したものである。これをみると、発行規模の大きいIPOほど引受手数料率はほぼ一貫して低いことがわかる。これについては2つの理由が考えられる。

一般に、証券会社の営む業務のコストには、人件費も含めて固定費的性格をもつものが多く含まれるので、扱う金額が大きくなるほど平均費用は低下する。いわゆる規模の経済が働く。このことは販売業務のみならず引受業務にもあてはまる。

また、発行規模の大小により企業と証券会社の相対的な力関係が異なり、それが反映されていることも考えられる。つまり、発行規模の大きい企業ほど、証券会社に（スプレッドの形で）支払う報酬額は大きくなるので、引受手数料率も含めた価格の交渉で強気に出ることがで

（%、括弧内は件数）

	発行総額				
	10億円未満	10億円以上、50億円未満	50億円以上、100億円未満	100億円以上	全規模
2001～2005年	7.0（329）	6.5（326）	6.0（ 42）	5.8（ 50）	6.5（ 747）
2006～2010年	7.9（190）	7.0（151）	6.5（ 15）	6.0（ 43）	7.5（ 399）
2011～2015年	8.0（136）	8.0（118）	8.0（ 21）	5.4（ 27）	8.0（ 302）
2016～2020年	8.0（165）	8.0（201）	8.0（ 30）	6.0（ 45）	8.0（ 441）
全期間	8.0（820）	7.5（796）	7.0（108）	6.0（165）	7.5（1,889）

注：スプレッド方式が適用されたIPO（民営化企業を除く）を対象に、公開価格と引受価額より引受手数料率を計算し、各区分の中央値を掲載。

出所：筆者構築データベース（巻頭参照、引受価額のオリジナル出所は訂正有価証券届出書）。

図表１・３　IPOの引受手数料率：発行規模別・期間別分布

きる。

たとえば、発行総額１００億円以上のＩＰＯの場合、引受手数料率の全期間中央値は６％であるから、どんなに少なく見積もっても、１件６億円の引受手数料収入が証券会社に入る[22]。これに対して、発行総額10億円未満のＩＰＯの場合、全期間中央値は８％であるから、どんなに多く見積もっても、１件８千万円の引受手数料収入しか入らない。この違いが公開価格の決定交渉に影響を及ぼしているであろうことは、容易に想像できる。

参考までに、米国における引受手数料率を紹介しておこう。Ｊ・リッター教授の公表データによると、図表１・３と同じ２００１年から２０２０年にかけての年別中央値は常に７％である（規模別の値は不明[23]）。日本が趨勢的に上昇傾向にあるのとは対照的である。

コラムB

抽選配分比率に関する10％ルール

本論でも述べたように、ブックビルディング方式に移行して以来、個人投資家からIPO株の配分方法に関する不満が多く寄せられたため、2006年8月、日本証券業協会は「個人投資家向け配分予定数量の10％以上を抽選とする」自主規制を導入した。それ以来、協会は個人投資家向けの配分状況を引受証券会社別・銘柄別にウェブサイトで公表している。

詳しくは図表1・4に記してあるが、(1)同ルールの対象となるのは「規則に基づく抽選」(本店レベルでの抽選)であり、各社の任意で行われる部店レベルでの抽選は対象に含まれない。(2)同ルールはあくまで配分「予定」数量についてのものであり、銘柄や証券会社によっては実績値ベースで10％を切ることもある。その場合は、協会のサイトに理由が記載される。(3)その理由は特例や不明を除けば4つあり、一番多いのは④オーバーアロットメント(OA)の実施で、次に①抽選申込件数の不足と②当選者からのキャンセルが続く。

表に掲げた4つの理由のうち、①と②は投資家の事情によるものであり、③は企業の事情によるものである。つまり、いずれも主幹事にとって所与の要因である。これに対して、④は主

$$\text{個人投資家向け抽選配分比率} = \frac{\text{規則に基づく抽選配分数量}}{\text{個人投資家向け配分予定数量}} \geqq 10\%$$

抽選配分比率が実績値ベースで10%を切るケース
①投資家事情：抽選申込件数の不足 → 分子の減少
②投資家事情：当選者からのキャンセル → 分子の減少
③企業事情：売出し株数の変更 → 分母（実績値）の増加
④主幹事判断：オーバーアロットメントの実施 → 分母（実績値）の増加

注：規則に基づく抽選とは、「協会員の本店等において協会員各社が抽選の対象としたすべての個人顧客を各社が定める抽選の取り扱いに従い、一括して行われるもの（ネット等を利用して抽選を行う場合を含む）」（日本証券業協会（2005））を指す。このほかに、「配分先の顧客を指定されずに各部店に配分された分について当該部店において行われる抽選」（部店レベルでの抽選）もあるが、実施するかどうかは各社の任意である。10%ルールが適用されるのは、あくまで予定数量についてである。実績値ベースでこの比率が10%を切った場合は、下記サイトの当該証券会社ページ注釈欄に「理由」（上記①～④のいずれかまたは複合）が記される。なお、10%ルールが適用されない特例もある（例：ホールセール業務に特化した旧みずほ証券が主幹事を務めたIPO、前身が相互会社の生命保険会社によるIPO）。

出所：日本証券業協会「新規公開に際して行う株券の個人顧客への配分状況」（https://www.jsda.or.jp/shiryoshitsu/toukei/shinkikoukai/index.html）。

図表1・4　個人投資家向け抽選配分比率に関する10%ルール

幹事の判断によるものである。

OAによる追加売出し部分は10%ルールの対象外であり、しかもそれをどのように配分するかは主幹事に一任されている。したがって、配分方法次第では、OAの実施により抽選配分比率を10%以下にすることも可能である。この点は第10章で仮説の検証を行う際に重要な意味をもってくる。

【注】

（1）同時に、本書は研究書でもないので、ＩＰＯの学術的側面は必要最小限にしか触れない。関心のある読者は、忽那（２００８）、岡村（２０１３）、池田（２０１５）、金子（２０１９）などを参照されたい。

（2）米国では、店頭市場で取引される非上場銘柄（ＯＴＣＢＢ銘柄、ピンクシート銘柄）が多数存在するので、株式公開と上場は明確に区別される。

（3）主要市場の上場審査基準については、日本取引所グループのウェブサイト参照。

（4）引受には、最初からすべてを買い取る買取引受と、売れ残りが発生した場合に残部を買い取る残額引受がある。これとは別に、売れ残りが生じても責任を負わないことを条件に販売を行うベストエフォート方式の契約形態もある。

（5）その際、証券会社は当該企業の理論株価を算定方針とともに提示するが、それには拘束力がない。そのため、上場直前になって下方修正されることもあると聞く。

（6）もっとも、長期でならしてみると、始値で計算しても終値で計算しても初期収益率に大きな差はない。たとえば、２００１年以降の20年間に上場した計１８９３件について求めてみると、平均値の開きは１％未満である。

（7）大型案件になると機関投資家向け販売が増えるのは、大口の消化に頼らざるを得ないという証券会社側の事情と、大型案件に関心を示すという機関投資家側の事情がある。

（8）実際、ＰＯは直近の株価を3～5％ほど割り引いた水準で発行されることが多い。

（9）海外には、上場前の株式をプロの投資家が相対で取引する市場（グレーマーケット）が存在する。ＩＰＯの値付けに際してそこでの取引価格が注目されるのは確かだが、それによって公開価格が決められるわけではない。

（10）ここでいう1単位は、単元株制度のもとでの1単位（一律１００株）とは異なる。

（11）最後に入札方式が採用されたのは、１９９７年10月8日に東証１部に上場した民営化企業の東海旅客鉄道

（JR東海）である。
(12) 想定発行価格の代わりに想定仮条件（いわゆる仮仮条件）が記載されることもある。
(13) 仮条件の決定に際しては、ヒアリングに参加した機関投資家のなかでも、大口で長期の保有が見込まれる投資家の意見が優先的に考慮されるようである。
(14) 成り行き注文の場合は購入希望株数のみを申告する。
(15) 2018年12月に上場したソフトバンクは、発行総額2・6兆円強という巨大IPOであったが、発行体の思惑と主幹事の思惑がぶつかり合い、仮条件は異例の一本値で落ち着いた（2018年12月4日付『日本経済新聞』朝刊第17面）。つまり、公開価格は需要申告より前に事実上決まっていた。そのときの初期収益率はマイナス14・5％（終値ベース）である。
(16) OAを実施する場合、主幹事は株式の貸し手である大株主から引受価額で買い取る権利（グリーンシューオプション）を付与される。借り入れた株式を返済する際、主幹事はこの権利を行使するか、行使する代わりに現物を市場で買い付けて返済する。後者をシンジケートカバー取引という。同取引が実施されるのは、市場価格が引受価額を下回ったときである。そのため、OAには上場後の株価を下支えする効果があるといわれている。
(17) ただし、届出書に記載された発行株数を変更しないことが条件である。発行株数を変更する場合や20％を超えて公開価格を決定する場合は、仮条件を修正し、届出書を訂正する必要がある。
(18) 筆者の知るかぎり、最初に設定された仮条件の上限を超えて公開価格が決定されたケースは過去に4件あるが、いずれも仮条件の上方修正を伴っている。最初の3つは比較的初期の頃で、1997年11月のヤフー、1998年7月のアクセス、1999年12月のインターネット総合研究所である。4つめは2016年7月のLINEであるが、これは日米同時上場であり、米国の慣習が適用されたものと推測される。
(19) 筆者がかつて行った証券会社役員からのヒアリングによれば、導入初期の頃、ある主幹事が仮条件の上限を超えて公開価格を決定し、届出書を提出したところ、当局より仮条件の修正を求められたという。その話はただちに他の証券会社にも伝わり、以後、暗黙の了解になったとのことである。仮条件を修正するとなると、通常は2回で済む届出書の訂正をさらに行わなければならず、上場日程にも影響が及んでくる。そのため、修正せずに当初の上限で公開価格を決定することになりがちである。

(20) 船岡（2008）、日本証券業協会（2012）、金子（2019）第7章。

(21) 価格決定方式の優劣をめぐる議論については金子（2019）第3章参照。

(22) ソフトバンクが2018年12月に発行総額2・6兆円強という巨大IPOを実施したときの引受手数料率はわずか約2・4%であった。それでも引受手数料は約624億円である。

(23) Ritter (2021a) Table 11参照。

第2章 新興企業にとってのＩＰＯ

本章では、最初に企業が株式を公開する目的を整理し、ＩＰＯはその目的を達成するための手段の１つに過ぎないことを述べる。そして、日本の場合、成長に必要なリスクマネーを調達したい新興企業にとって、ＩＰＯ以外に選択肢がほとんどないという事情を説明する。この点、ＩＰＯに頼らなくても成長できる米国の新興企業とは対照的である。

1　企業が株式を公開する目的

3つの上場目的

企業が株式を公開する目的は、大別すると3つある。①成長に必要なリスクマネーの調達、②既存株主への投資回収機会の提供、そして③社会的知名度や信用度の向上である。

これらは、すでに成長軌道に乗っている企業、民営化する政府系企業、非公開の期間を経て再上場する企業などにもあてはまるが、本書では新興企業を主として念頭に置いている。ここで新興企業とは、高い成長可能性を有するがまだ成長軌道に乗っていない比較的初期の段階にある企業の総称である。人によって定義は異なるが、情報技術（IT）系を中心に、独創的な技術やアイデアで新しいビジネスに挑戦し、将来的にエグジット（後述）を目指していることが多いスタートアップ企業やベンチャー企業も、これに含まれる。

目的①　成長に必要なリスクマネーの調達

リスクマネーとは、簡単にいうと、リスク覚悟で提供される資本（元手）のことである。企業が成長していくためには、ある程度リスクを冒して投資を実行しなければならない。たとえば、新事業を展開・拡大するための投資（買収を含む）や、画期的な商品を生み出すための研究開発投資などである。こうした投資は、成功すれば大きな利益を生むが、必ずしも成功するとはかぎらない。そこで、リスクを承知のうえで資本を提供してくれる投資家を探す必要がある。もちろん、成功したら出資額に応じた報酬を支払うことを約束して。

リスクマネーを主として提供してくれるのは株主である。銀行も提供することは可能であるが、預金の形で集めた資金を債権者として運用するという基本形態を考えると、単体ではリスク負担に限度がある。かつてのソニーやホンダが世界的企業にまで成長したのは、銀行がリスクマネーの提供役を果たしたからだということがよくいわれる。そのことは否定しないが、それが可能だったのは右肩上がりの高度成長期だったからである。

上場していなくても、特定少数の投資家から私募の形でリスクマネーを調達することは可能である。たとえば、米国で広く普及しているエンジェル投資家やベンチャーキャピタルからの調達である。しかし、必ずしも十分な調達額が得られるとはかぎらない。不特定多数の投資家から多額のリスクマネーを調達しようとしたら、上場して公募するしかない。

目的② 既存株主への投資回収機会の提供

創業メンバーやベンチャーキャピタルなどは、初期の頃から株主となってリスクマネーを提供していることが多い。そうした既存株主に投資回収の機会を提供し、売却益でもって出資に報いるのも、株式公開の重要な目的の1つである。既存株主が投資を回収することを一般にエグジット（出口戦略）と呼ぶが、他企業への売却（M＆A）とならんで、ＩＰＯは代表的なエグジットの機会である。

なお、政府系企業が民営化する場合や、経営破綻した企業が第三者から出資を受けて再建を果たし再上場する場合も、上場の主たる目的はこれである（前者の既存株主は政府）。

目的③ 社会的知名度や信用度の向上

証券取引所の審査基準をパスして上場を果たすということは、企業の質について一種のお墨付きを得たのに等しい。社会的知名度を高めて優秀な人材を確保したいとか、信用度を高めて銀行や取引先企業との交渉を少しでも有利に進めたいと考えている企業にとって、株式公開は重要な意味をもつ。

2 ＩＰＯ以外の選択肢

4つの場合分け

前節で述べた3つの目的のうち、どれか1つを達成したいと考えている企業があるとしよう。その場合、達成のための手段は「通常のＩＰＯ」しかないのだろうか。ここで通常のＩＰＯとは、株式発行を伴うＩＰＯのことであり、日本でＩＰＯといえばこれを指す。質問に対する答えを先にいうなら、形式上は他にも手段はある。ただし、それが実際に利用可能かどうかは別問題である。

いま、新興企業に次の2つの質問をしたとしよう。1つは「早く上場したいか」であり、もう1つは「リスクマネーを早く調達したいか」である。それぞれの回答が「イエス（Yes）」か「ノー（No）」かにより、図表2・1のように4つの場合分け（A～D）が可能となる。BとCの具体的中身はこのあとで解説する。また、2つの回答がともに「ノー」の企業はD（現状維持）に位置づけられるので、考察の対象から外す。

いま、選択を妨げている要因はとりあえずないものとすると、リスクマネーの調達が主たる目的の企業はAかBを選択する。一方、投資回収機会の提供や社会的知名度の向上が主たる目的の企業はAかCを選択する。

このように、前述の目的を達成するための手段は、形式的にいってA・B・Cの3通りある。ＩＰＯはその中の1つに過ぎない。調達と投資回収機会の提供（または社会的知名度の向上）の

		早く上場したいか？	
		Yes	No [1]
リスクマネーを早く調達したいか？	Yes	A 通常のIPO [3]	B VCの利用 [4]
	No [2]	C 直接上場 [5] SPACとの合併 [6]	D 現状維持

注1：このNoには「成長して規模を大きくしてから上場したい」も含まれる。
　2：このNoには「差しあたって不要（必要なら上場後に調達)」も含まれる。
　3：「通常のIPO」とは株式発行を伴うIPOのことである。
　4：CVC、PE、エンジェル投資家、株式投資型CF、株主コミュニティを含む。
　5：ここでいう直接上場は株式発行を伴わない従来型のものを指す。
　6：合併時にリスクマネーを調達することは想定していない。
出所：筆者作成。

図表2・1　新興企業にとっての形式上の選択肢

どちらかを目的とする場合、IPOにこだわる必要はないはずである。では、実際のところはどうなのか。その前に、BとCの具体的中身を概説しておこう。

ベンチャーキャピタルなどの利用

非上場企業にリスクマネーを供給する主体としては、①エンジェル投資家（創業間もない企業に自己資金で出資する富裕な個人投資家)、②ベンチャーキャピタル（VC）ファンド、③プライベート・エクイティ（PE）ファンドなどがある。このうち、VCとPEは、投資家から集めた資金で非上場企業の株式を取得し、将来その企業が上場する際もしくは他企業に買収される際に株式を売却して値上がり益を獲得し、投資家に利益を還元するという点で、いずれも似たような投資ファンドである。[1] しかし、大きな違いもある。

ＶＣは、成長の比較的初期段階にあって今後さらなる成長が期待される新興企業への小規模投資が中心で、多くの場合、複数のＶＣでシンジケートを組成して出資する。したがって、１ファンドで株式の過半数を取得することはなく、経営自体は現経営陣に任せることが多い。

これに対してＰＥは、すでに成熟期に入った企業や再建途上にある企業への大規模投資が中心で、１ファンド単独で株式の過半数を取得し、経営権を握ることが多い。目的に応じて名称はさらに分けられる。

本書では、将来の新規上場を視野に入れた新興企業を主に想定しているので、選択肢Ｂの代表としてＶＣを考える。

通常のＶＣとは別に、事業会社が自社の戦略目的（例：新規事業の起ち上げ）のために出資するコーポレートＶＣ（ＣＶＣ）というのもある。日本の場合、ＶＣを出資者別に分けてみると、じつはこれの占める比率が一番高い（『ベンチャー白書２０２０』）。

また、投資ファンドを経由せず、個人投資家から「直接」リスクマネーを調達する手法も普及しつつある。インターネットを介して創業初期にある非上場企業の株式を購入する株式投資型クラウドファンディング（ＣＦ）である。ただし、日本では、いまのところ一個人が投資できる金額は1社につき年間50万円にかぎられており、企業が調達できる金額も年間で1億円未満にかぎられている。

さらに、日本の場合、株主コミュニティといって、証券会社が非上場株式の銘柄ごとにコミュニティを組成し、これに参加する投資家に対して投資勧誘を認める仕組みも存在する。したがって、非上場企業がこれを利用してリスクマネーを調達することも可能であるが、2021年6月末現在の運営銘柄数はわずか24である。

◥直接上場

通常のIPOと異なり、株式発行を伴わずに上場する直接上場という手法もある。日本では、1999年4月に杏林製薬（当時）が東証2部に直接上場したケースを除いて、まだない（2021年6月末現在）。しかし、米国では、2018年4月に音楽配信サービス大手のスポティファイがニューヨーク証券取引所（NYSE）に直接上場して以来、この手法は広まりつつある。同社の場合、手元資金が潤沢だったので、上場時に新株を発行する必要がなく、既存株主に売却の機会を提供するのが主な目的であった。直接上場が可能だったのは、同社の知名度が高く潜在的な買い手がたくさんいて、初日から活発な取引が期待されたからである（第1章1参照）。

もっとも、米国では、2020年12月、証券取引委員会（SEC）によって制度が改正され、直接上場の場合でも、初日にオープニング・オークションのかたちで新株を発行して投資家から直接資金を調達することが可能になった。仮に日本でもそうなれば、成長資金の調達が主目的の企業にとっても直接上場は選択肢の1つとなる。

こうなると、株式発行を伴うかどうかで通常のIPOと直接上場を区別することはできなくなる。もはや両者の違いは、証券会社による引受の有無とロックアップ適用の有無くらいである。(2) 直接上場の場合、証券会社は引受リスクを負担しないので、企業は上場時の手数料を大幅に節約できる。次章で説明するが、過小値付けによる機会損失も発生しない。また、既存株主に対する売却制限も適用されない。

その代わり、企業はいくらで新株を発行できるか上場するまでわからない。つまり、調達金額を前もって確定することができない。また、事前に流動性を付与せずに上場するので、上場後に株価が大きく乱高下する可能性がある。

SPACとの合併

このほかに、SPAC(特別買収目的会社)との合併という、かなり変則的な上場手法もある。日本ではまだ利用できないが、米国では2020年頃から通常のIPOをしのぐ勢いで急増している。最近、日本でも導入の是非をめぐる議論がさかんに行われるようになったので、以下、米国のSPACを若干詳しく紹介しておこう。

SPACとは、自らは何も事業を営まず、未上場企業を買収することのみを目的として株式を上場する企業のことである。そのため、空箱上場ともいわれる。未上場企業への投資経験の豊富な投資家がスポンサーと呼ばれる設立者となり、一般投資家から公募により資金を調達する。(3) その資金をもとに、通常は上場から2年以内に買収先企業（ターゲット企業）をみつけて合併を提案し、株主総会で承認を得る。(4) その際、未上場のターゲット企業が事実上の存続会社となり、上場企業となる。2年以内にターゲット企業がみつからない場合は、解散して株主に資金を返還しなければならない。したがって、スポンサーが魅力的なターゲット企業をみつけられるかどうかの目利き力が問われることになる。

これを利用すると、企業は自社でIPOのプロセスを経る必要がないので、通常のIPOよりはるかに早く上場でき、IPOに伴うコストを負担する必要もない。(5) また、通常のIPOと異なり、企業はスポンサーとの交渉だけで株式の売却価格を確定できる。個人投資家にとっては、SPAC株の購入を通して少額での未上場株投資が可能となる。

しかし、その仕組みゆえに、スポンサーが成功報酬欲しさに駆け込みで質の劣る企業を買収する動機が生まれる。(6) そのため、通常のIPOでは上場できそうにない企業が「裏口上場」を果たす可能性は多分にある。事実、売上実績のほとんどない企業が、数年先までの業績見通しを開示して高い成長可能性をアピールし、ＳＰＡＣとの合併にこぎつけるというケースが続出している。(7) 投資家保護の観点からＳＥＣが監視の目を強化しており、今後どうなるか予断を許さない。

3　ＩＰＯに頼らざるを得ない日本の新興企業

◪ 米国と比べて未成熟なＶＣ

米国と比べると、日本のＶＣは未成熟といわざるをえない。『ベンチャー白書２０２０』によると、米国のＶＣによる投資総額は１兆３３４２億ドル（14兆５４４１億円、２０１９年）であるのに対し、日本のそれは２８９１億円（２０１９年度）である。米国は日本の約50倍である。(8)

経済規模の違いがあるので、単純に総額を比較しても意味がないかもしれない。そこで、同じ資料を用いて、投資先１件あたりの金額を求めてみると、米国が約12・８億円であるのに対して、日本は約１・６億円である。それでも約8倍の格差がある。

参考までに、２００１年以降の20年間に国内で上場した企業のＩＰＯにおける発行総額（吸収金額）を求めてみると、中央値が11・７億円である。これ自体かなり小さな額であるが、それと比べてもいかにＶＣからの調達が少ないかがわかる。

要するに、日本の新興企業は、リスクマネーを調達したくても選択肢Ａの代わりにＢを自由に選べる状況になっていない。調達を希望する企業は、ごく小規模のうちから通常のＩＰＯを選択せざるを得ないのである。

困難な直接上場

日本の場合、新興企業が直接上場を行うのは事実上無理である。代表的な新興市場である東証マザーズは、上場時に５００単位以上の公募を義務づけているので、そもそも直接上場ができない（２０２１年６月現在）。

一方、東証１部・２部などのいわゆる本則市場では、ルール上は可能である。先述の杏林製薬（当時）が東証２部に直接上場できたのは、そのためである。しかし、株主数や流通株式比率などに関する厳しい上場基準があるので、それらを満たして本則市場に直接上場できる未上場企業は、実際にはかぎられている。

当分は見込めないＳＰＡＣとの合併

日本ではＳＰＡＣそのものがまだ認められていない（２０２１年６月現在）。政府の成長戦略会議で議論され、日本版SPACの解禁に向けて検討が始まったところである。ただし、たとえ解禁されたとしても、前述の問題を抱えているので、SPACとの合併が新興企業にとって魅力ある上場選択肢になるという保証はない。当分は選択肢になり得ないと考えてよいであろう。

早くからIPOに頼らざるを得ない新興企業

以上より、日本の新興企業は、冒頭で掲げた目的①～③のどれか1つを達成するにしても、選択肢A（通常のIPO）しか手段がないことがわかる。

たとえば、当面は選択肢のBにとどまり、成長して規模を大きくしてから上場したいと考えている企業も、VCからの調達がほとんど期待できないので、小規模のうちから通常のIPOを実施するしかない。東証マザーズに代表される新興市場の上場審査基準も、米国と違い、小規模上場を可能にする設定となっている[9]。

また、リスクマネーの調達は当面必要なく、投資回収機会の提供や社会的知名度の向上を優先したいと考えている企業も、Cを選ぶことができないので、通常のIPOを実施する。

既存株主にプロの投資家がいないことの不利益

新興企業がＶＣから出資を受けられないことの不利益は、小規模のうちからＩＰＯを選択せざるを得ないという点だけではない。投資情報の収集・分析・評価能力が高いとされるプロの投資家が既存の株主にいるかどうかは、主幹事との価格交渉に大きな影響を及ぼす。成長の初期段階からリスク覚悟で出資してきたＶＣにとって、公開価格の高低は投資回収の成否を大きく左右するからである。

対主幹事交渉力が弱くならざるを得ない新興企業

このように、日本の新興企業は、①ＶＣが未成熟なのでリスクマネーを調達するために小規模のうちから上場せざるを得ず、②その上場の方法も証券会社の引受を伴う通常のＩＰＯ以外に選択肢がなく、③プロの投資家が既存株主にいない可能性が大である。新興企業がＩＰＯを実施するにあたり、こうした要因が対主幹事交渉力を弱めているであろうことは、容易に想像できる。

4　IPOに頼らなくて済む米国の新興企業

◣上場を急がなくなった新興企業

米国では、1990年代後半以降、IPOの件数が趨勢的に減少している。同時に、2000年のITバブル崩壊以降、小型IPOの占める割合が趨勢的に低下している（若園（2019）参照）。それと表裏一体の関係にあるが、上場に至るまでの期間が長期化している。実際、新興企業にとっての成長の最終段階とされるレイターステージを経てから上場やM&Aによるエグジットを検討する企業が増えている。ユニコーンと呼ばれる評価額10億ドル（約1080億円）以上の未上場企業が続々と誕生しているのも、その流れといえよう。長期化と大型化の背景には、大別して2つの要因があると考えられる[10]。

◣上場を急がない理由①　未上場株式のセカンダリー取引普及

第1に、VCが十分発達しており、上場しなくてもまとまったリスクマネーを調達できることがあげられる。重要なのは、それを支える仕組みが確立されていることである。

上場までの期間が長期化すれば、IPOまで待てない既存株主の株式売却ニーズが当然高まってくる。米国では、既存株主の手放す未上場株式を相対で売買するセカンダリー取引の手法が普及しており、同取引を仲介するプラットフォームがいくつも登場している。これがあるおかげで、未上場株式の流動性が高まり、ＶＣも上場までの期間長期化を気にすることなく出資できるようになる。同時に、同取引はリスク許容度の高い個人投資家が未上場株式に投資する場にもなっている。

◥上場を急がない理由②　早期上場の弊害

第2に、新興企業が早い段階から上場することの弊害が認識されるようになったことがあげられる。まず、多大なコスト負担がある。たとえば、ＮＡＳＤＡＱの場合、監査法人などに支払う費用も含めると上場に伴うコストは約3億円、上場維持にかかるコストは毎年約1億円といわれている。利益が十分に計上されていない成長初期の新興企業にとって、これはかなりの負担である。

また、上場すれば、早期の黒字化を望む投資家から厳しい要求を突きつけられ、どうしても目先の利益にとらわれた経営をしがちである。それより、ＶＣから十分なリスクマネーを調達できるのであれば、上場時期を思い切って遅らせ、その間に成長して規模を大きくし、黒字体質を確立した方が得策という判断を、企業はするようになる。

リスクマネー供給の好循環

よく知られているように、グーグルやアマゾンといった大手企業は、新技術を取り込んで事業基盤を拡大するため、スタートアップ企業を次々と買収している。(11) そのため、シリコンバレーでは、VCなどから出資を受けたスタートアップ企業の約9割が、IPOではなく他企業への売却（M&A）のかたちでエグジットを果たしている。起業家からすると、その方が短期間で多額の資金を回収できる。

こうして多額の売却資金を手に入れた起業家は、別の新規事業に取り組む連続起業家（シリアル・アントレプレナー）となったり、エンジェル投資家として他人の事業を支援したりする。そこからまた成功者が出てきて、同様のことを行う。このように、シリコンバレーのエコシステムと呼ばれる好循環が、人材面や技術面だけでなく、リスクマネー供給の面でも成り立っている。(12)

5　なおさら問われる値付けの適切性

エグジット意識の低い日本の新興企業

残念ながら、日本にはリスクマネー供給の好循環があるとは思えない。最近でこそ、成長著しい上場企業によるスタートアップ企業の買収が増えているが、[13]基本的には日本のエグジットはＩＰＯが中心である。

ベンチャーエンタープライズセンター（２０２０）が実施したベンチャー企業向けアンケート調査によると、ＶＣの出資を受けている企業にエグジットの可能性について聞くと、「ＩＰＯの方向で考えている」企業が59％であるのに対して、「他社にＭ＆Ａの方向で考えている」企業は６％に過ぎない。残りは未定もしくはエグジットを考えていない企業である。

さらに、ＶＣの出資を受けていない企業に聞くと、「エグジットは考えていない」企業と「エグジットするか否か未定」の企業は、あわせて36％もある。

ＶＣによる出資が少ないことの裏返しでもあるが、日本ではエグジットという発想自体がまだ定着していないようである。

IPOで必要な成長資金が調達できているか

もっとも、エグジットさえすればよいというものではない。確かに、エグジットの活発化は起業家の出現を促し、VCの出資意欲を刺激するので、長期的にはよいことである。しかし、エグジットの有無や方法を強調しすぎるのは危険である。いまの日本経済にとってより重要なのは、成長可能性のある新興企業が資金面の制約を受けずに成長できているのかという問題である。起業家をはじめとして創業期からの出資者がエグジットしているかどうかというのは、この問題にとって二次的な重要性しかもたない。

新興企業にとって、リスクマネーの調達手段がほぼIPOにかぎられている現状を踏まえると、これはつまるところ、公開価格は適切に設定されているのかという問題である。

【注】

（1）VCやPEに出資する投資家は、米国では年金基金などの機関投資家が過半を占めているが、日本では金融法人（銀行、保険、証券など）と事業会社が過半を占めている（VCには後述するCVCを含む）。経済産業省（2018）。

（2）2021年5月13日付『日本経済新聞』朝刊第11面「「直接上場」米で増加」参照。

（3）その際、一般投資家には株式とワラント（一定の価格で将来新株を購入する権利）の組み合わせが付与される。これをユニットという。そのため、SPACの株価が上昇すれば投資家は二重にその恩恵を享受できる。

（4）合併案に反対票を投じた株主には資金の返還が保証される。
（5）ただし、ＳＰＡＣ固有のコスト（スポンサーへの成功報酬、ワラントの権利行使に伴う希薄化がもたらすコストなど）は発生する。
（6）通常は、上場後にスポンサーの持ち株比率が20％になるように設定されている。そのため、合併案が株主総会で承認されれば、スポンサーは多額の成功報酬を手にする。
（7）２０２１年5月3日付『日本経済新聞』朝刊第3面「「空箱」上場、曲がり角」参照。米国の場合、通常のＩＰＯでは企業が業績見通しを開示することは禁じられているが、ＳＰＡＣでは将来の具体的な数値目標を示すことが容認されている。株式発行を規定する法律とＭ＆Ａを規定する法律が異なるため、こういうことが起こる。
（8）日本証券業協会（２０２０）によると、２０１９年に非上場企業が株式の形で私募調達した金額の合計（具体的には、株式投資型ＣＦ、エンジェル投資家、ＶＣ・ＣＶＣ、株主コミュニティ、ＰＥファンドの合計）は、米国が８９２５億ドル（96兆３９００億円）であるのに対して、日本は1兆２６８４億円である。これでみると米国は日本の約76倍である。
（9）たとえば、株式時価総額（上場時見込み）に関する上場要件をみると、東証マザーズが10億円以上であるのに対して、米国の新興市場であるＮＡＳＤＡＱは50百万ドル（約54億円）である。
（10）以下はメンザス（２０１９）の指摘によるところが大である。
（11）必ずしも新技術の取り込みが目的でなく、将来のライバルを消すために買収を行っている可能性もある。
（12）この部分は植田（２０１９）の指摘によるところが大である。
（13）２０２１年5月11日付『日本経済新聞』朝刊第15面「スタートアップ、増える自社売却」参照。

第3章 IPOの特性

本章で「準備作業」は終わりとなる。ここでは、IPOの高いリターンを初値のせいにすることの無理、IPOにおける機会損失の概念、IPOに固有のリスクとそれに見合うリターン、余分なプレミアムが生まれる可能性、IPOに潜む利益相反の可能性などを説明する。

1 IPOのリターンが高いことの意味

2通りの解釈

初期収益率で表されるIPOのリターンがきわめて高いということは、形式的には2通りの解釈が可能である。第1章の図表1・2を用いて説明するなら、1つは分子の初値が高すぎるという解釈であり、もう1つは分母の公開価格が低すぎるという解釈である。その両方ということもありうる。

日本では、実務家を中心に、前者の解釈をとることが圧倒的に多い。初期収益率という代わりに初値騰落率という言葉が定着していることからも、それはうかがえる。しかし、欧米では後者の解釈が支配的である。その理由を一言でいうなら、初値といえども市場の需給を反映して決定されるのに対して、公開価格は人為的に決定されるからである。そのため、高い初期収益率のことを過小値付け（アンダープライシング）と呼ぶことが多い。

ただし、その場合の「過小」とは、単に初値と比べて低いという意味であって、本来あるべき水準と比べて低いという意味ではない。これから示すように、日本では、後者の可能性が多分にある。

初値が高すぎると考えることの無理

第5章で証拠を示すように、日本の場合、初値が高すぎる面は確かにある。しかし、初値のみに初期収益率が高いことの理由を求めるのは、実証以前の問題として、3つの大きな無理がある。

第1に、初値といえども市場の需給を反映して決まる株価である。株式市場の効率性を全面的に否定するならともかく、それがほとんど常に「高めに」ミスプライスすると考えることは、規制でも持ち込まないかぎり、無理がある(1)。

第2に、もし投資家の間でIPO株の人気があって初値が押し上げられているとしたら、その力は公開価格にも働くはずである。上場日に大きく値上がりすることを知っている投資家は、他者より高い価格を支払ってもよいから割り当てて欲しいと願い出る。一方、企業はもっと高い価格で発行できるはずと主張する。つまり、買い手と売り手の双方から公開価格に上昇圧力がかかる。したがって、「投資家に人気があるから初期収益率が高くなる」という現象は、短期的には起こりえても、上昇圧力を押さえ込む何かが働かないかぎり、長続きしない。その「何か」は、人為的なものと考えるのが自然である。

以上の2つはどこの国にでもあてはまる話である。これに対して、第3の「無理」は日本独自のものといってよい。すなわち、公開価格の決定方式がそれまでの入札からブックビルディングに変更された途端、平均初期収益率は極端に高くなっている（第4章参照）。初値に着目した解釈では、この現象は説明できない。

過小値付けについてのよくある誤解

そうなると、公開価格が低すぎる可能性を認めなければならない。日本の場合、どちらの可能性が高いのかについては、第5章で実証的に答えを出す。その前に、なぜ過小値付けがなされるのかについて、よくある誤解に言及しておこう。

証券会社は売れ残りを避けるために公開価格を低く設定しているということがよくいわれる。しかし、発行総額にスプレッドを掛けるかたちで引受手数料が決定される現行方式のもとでは、過小値付けは収入の減少につながる。したがって、売れ残りによる損失と手数料収入の減少による損失をトータルで考えると、その説明は説得力をもたなくなる。(2)

また、購入者（投資家）に損失を与えないために公開価格を低く設定しているということもよくいわれる。もしそうだとしたら、それによって発行者（企業）に損失を与えることは構わないというのだろうか。この話はゼロサムゲームである。企業の損失を正当化する説明がなされないかぎり、そうした主張を受け入れることはできない。

発行企業の機会損失

ここで、発行企業にとって初期収益率が高いことの意味を考えておこう。

いま、ある企業が上場時に１００万株を公募のかたちで発行し、公開価格が５００円に設定されたとする（発行総額5億円）。話を簡単にするため、引受手数料は無視する。このＩＰＯの初値が８００円であったとしよう（初期収益率60％）。初日に８００円の値が付いたからといって、１００万株をすべてその価格で売れるという保証はまったくないが、仮にその価格で発行できたとすると、本来なら企業は8億円の代金を手にしたはずである。ところが実際には5億円しか手にしていない（引受手数料を考慮したらもっと少ない）。差額の3億円は、市場で直接発行していたら得られたであろう「うべかりし」代金である。これを経済学では機会損失という(3)。

もし、この企業が売出しのかたちで株式を発行していたとすると、同様の機会損失は既存株主にも発生する。機会損失というのは、キャッシュの流出を伴わない損失なので、どうしてもコストとして認識されにくいが、合理的な経済主体にとって、キャッシュの流出を伴う損失と何ら変わりはない。

では、この損失分（うべかりし代金）を手にしたのは誰か。いうまでもなく、証券会社から５００円でＩＰＯ株の割り当てを受けた投資家である。この場合、投資家が初日に売り抜けて３００円の利益を実際に手に入れたかどうかは、彼らの選択の結果なので、重要な意味をもたない。それだけの利益を得る機会があったことだけは確かである。

この数値例からわかるように、機会損失の大きさは発行総額に初期収益率を掛けることで求められる。たとえば、２０２０年に実施されたＩＰＯの初期収益率（終値ベース）は平均で

129％であった。もちろん初値で発行できたらという条件付きであるが、このことは平均で発行総額の約1・3倍の機会損失を企業が被っていたことを意味する。

なお、割合的にはごくわずかだが、初値が公開価格を下回り、初期収益率がマイナスとなるケースもある。その場合は、「もっと低い価格で購入できたはず」ということで、投資家が機会損失を被ることになる。逆に、得をしたのは発行企業である。

2　IPOに固有のリスクとそれに見合うリターン

IPOに固有のリスク

この節はやや理屈っぽい話になることをあらかじめお許しいただきたい。

いま、本質を犠牲にしない程度に議論を簡単化するため、投資に際して人々が嫌うものを総称して広義のリスクと呼ぶことにしよう。嫌うものという代わりに、敬遠するものといってもよい。あくまで便宜上の表現である。株式投資のときに問題となる収益の変動可能性や、債券投資のときに問題となる貸倒れの可能性といった狭義のリスクだけでなく、企業価値評価が難しいとか流動性が低いとか、投資家が嫌がるものすべてを含む。

リスクのある金融資産の購入を検討するとき、投資家はそのぶん価格が安くなっていないと買おうとしない。もし安くなっていなければ誰も買わないので、結局は価格が下がる。これは、見方を変えれば、投資家がリスクを受け入れる代わりに対価としての報酬（プレミアム）を要求する行動である。リスクのある金融資産は、このプレミアムのぶんだけ高いリターンが期待される。(4) そして、あくまで平均的にみての話だが、実際にも高いリターンが実現する。

こう考えると、IPOのリターンが平均的に高いというのは不思議なことではない。なぜなら、上場前の株式には既上場株式にない固有のリスクがあり、そのぶん公開価格が安くなってしかるべきだからである。では、どういうリスクか。

その前に、次のことを強調しておきたい。IPOの場合、上場の約1ヵ月前には目論見書が配布され、投資判断に必要な情報はあらかた入手可能となる。したがって、上場日を迎える前から株式に対する需要は投資家の間で存在する。そして、集計化された需要と供給を一致させる株価も、理屈のうえでは存在する。ただし、それを直接観察することはできない。

そのため、現在の企業価値がいくらなのかはよくわからない。一般に投資家は「よくわからない」ことを嫌う。いまそれを不透明感と呼ぼう。同じ不透明感でも、将来の価値がどうなるのかがよくわからないという不透明感（先行き不透明感）はどの株式にもある。しかし、ここでいうのは現在の企業価値がいくらなのかがよくわからないという不透明感（現状不透明感）

である。通常なら、株価をみれば現在の企業価値はわかるが、ＩＰＯの場合、それができない。その意味で、この不透明感はＩＰＯ株に固有のリスクといってよい(5)。

直感的に明らかなように、この不透明感の大きなＩＰＯほど、投資家はそれを受け入れることに対して大きなプレミアムを要求する。つまり、購入する際に大きなディスカウントを要求する。

リスクに見合ったリターン

いま述べたＩＰＯ株に固有のリスクは、その性質上、市場で株価が観察されるようになれば消滅する。実際にはすぐに消滅するとはかぎらないが、いつ完全に消滅するかを先験的に知ることはできないので、上場と同時に消滅するものと仮定して議論を進める。

このリスクがあるため、投資家はそのぶん公開価格が安くなっていないとＩＰＯ株を購入しようとしない。リスクに見合ったプレミアムを要求する行動である。同じことを引受証券会社の側からいうと、投資家にＩＰＯ株を購入してもらうためには、リスクの程度に応じて公開価格を割り引く必要がある。

図表３・１は、投資家の要求するプレミアム（引受証券会社からみれば過小値付け）の発生メカニズムを視覚的に示したものである。いま、ある企業が上場時に*N*だけの株式を発行する状

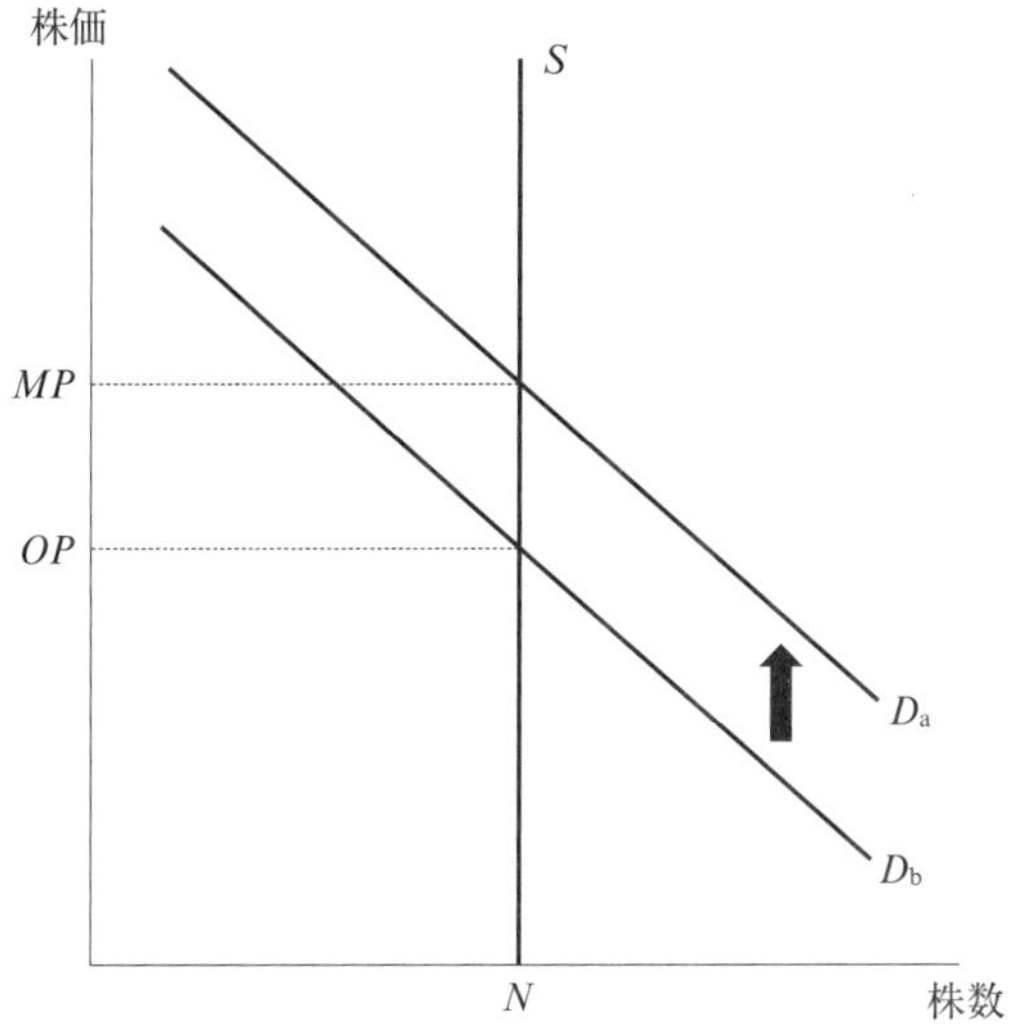

N：IPO時の発行株数
S：供給曲線
D_b：公開前（before）の需要曲線
D_a：公開後（after）の需要曲線
OP：公開価格
MP：初値（市場価格）

$MP-OP$：IPO株に固有のリスクを投資家が負担することに対する正当なプレミアム（注：単純化のため、このリスクは公開と同時に消滅し、それゆえ需要曲線はただちに上方シフトすると仮定）

図表3・1　公開「前」の需要曲線 対 公開「後」の需要曲線：正当なプレミアムの発生メカニズム

況を考える。図のSは供給曲線である。簡単化のため、オーバーアロットメントによる追加売出しは行われず、既存株主の保有する株式にはロックアップがかかっているものと仮定する。そのため、Sは垂直となる。

一方、Dはこの株式に対する投資家の集計化された需要曲線である。このうち、添字bが付いているのが公開前（before）の需要曲線であり、添字aが付いているのが公開後（after）の需要曲線である。前者の方が低く位置しているのは、固有のリスクに対するプレミアムを要求するため、投資家が購入希望価格（ビッド）を低く提示するからである。[6]
もし公開前の需給を反映させるかたちで値付けがなされるなら、公開価格は図のOPで決まる。上場と同時に固有のリスクは解消されるので、投資家の需要曲線はただちに上方シフトし、市場価格としての初値がMPで決まる。その結果、OPでIPO株を購入した投資家は価格差だけの利益を手にする。これは、投資家からすればIPOのリスクに見合った「正当なプレミアム」であり、引受証券会社からすれば「正当な過小値付け」である。

公開価格に需給を反映させることは可能か

ここで当然のことながら提起されるのが、公開前の需給を値付けに反映させることは可能なのかという疑問である。結論から先にいうと、ある程度は可能である。しかし、そのことと、それを実践していることとは別問題である。

第1章で説明したように、日本の場合、主幹事が公開前に投資家の需要の強さを探る機会は2回ある。1回目は、機関投資家を対象としたロードショー後のヒアリングである。その結果を踏まえて、仮条件が決定される。

2回目は、個人投資家も含めて広く投資家から需要申告を受け付けるブックビルディングである。その際、需要がいくら旺盛でも仮条件の範囲内で公開価格が決定されているが、それは業界の慣習に過ぎず、守ることが義務づけられたルールではない。

3　正当なプレミアム　対　余分なプレミアム

高いＩＰＯリターンを生む個別要因

前節の解釈に基づけば、投資家の認識する広義リスクが大きいＩＰＯほど図表３・１のD_b曲線は下方に位置するので、それだけ高いプレミアムが生み出される。では、具体的にどういう企業のＩＰＯほど平均的に高いリターンが実現すると考えられるか。

よく指摘されるのが、規模の小さな企業や、年齢（社歴）の若い企業である。一般に、若くて小さな企業ほど知名度が低いので、現在の企業価値がいくらなのかがよくわからないという意味で、不透明感が大きい。そのため、より大きな過小値付けが必要となる（逆の場合は逆）。事実、そのことを裏付ける証拠が数多く示されている。[7]

また、独創的な技術やアイデアを駆使して新しい事業を展開している企業は、一般に投資家による企業価値評価が難しいので、やはり不透明感が大きい。そのため、より大きな過小値付けが必要となる。事実、そうした企業が多いとされる情報・通信系企業のＩＰＯは、他の要因による影響をコントロールしても、リターンが有意に高いことがわかっている(8)。

第5章であらためて確認するが、東証マザーズに上場した企業のＩＰＯは、やはりリターンが平均的にみて高い。これは、同市場のもつ特性が原因というより、東証マザーズに上場する企業は上述の3要因（小規模、若年齢、独創性）を満たしていることが多いということの表れと考えるべきであろう。逆のことは、東証1部のＩＰＯについていえる。

非公開の期間を経て再上場する企業や、民営化する政府系企業の場合、一般にＩＰＯのリターンは低い。これは、新興企業とは逆に、当該企業の知名度が高く、投資家の抱く不透明感が小さいためと考えれば説明がつく。

他にも高いＩＰＯリターンを生む個別要因はいろいろあるが、ここでは省略する。

直近市場動向とＩＰＯリターンの関係

ＩＰＯに関する実証研究で、初期収益率に有意な影響を及ぼす要因として必ずあげられるのが、直近市場動向と発行総額の2つである。市場が好調なときに上場したＩＰＯほどリターンが高く、発行総額の小さなＩＰＯほどリターンが高い。

前者の理由は比較的簡単である。近く上場する予定の市場で株価が全般的に上昇傾向にあるとき、IPO株も同様に上昇するという期待が生まれ、市場価格（初値）が押し上げられる。一種の裁定（アービトラージ）が働くわけである。[9] 一方、公開価格は人為的に決められるので、その力は働きにくい。そのため、高いリターンが実現する。[10]

発行総額とIPOリターンの関係

では、発行総額の小さなIPOほどリターンが高いという現象はどう考えたらよいのか。一般に、発行総額は企業規模の指標の1つとみなされることが多い。そう考えてよいなら、リターンが高いことの理由はすでに述べたとおりである。しかし、話はそう簡単ではない。

発行総額は公開価格と発行株数の積であるから、それが小さくなるのは、どちらかが小さくなったときである。いま、公開価格が何らかの理由で低く設定されたとしよう。発行株数に変わりがなければ、発行総額は必然的に減少する。この場合、過小値付け（をもたらした要因）に原因があって発行総額が減少したのであり、その逆ではない。

次に、発行株数が少ないIPOを考えてみよう。図表3・1から明らかなように、公開前の需給を反映して公開価格が決定されているかぎり、発行株数Nが少なくなれば公開価格と初値はともに上昇するので、高いリターンは発生しない。もし発生しているとしたら、公開価格が低く押さえつけられていることを暗に示唆している。

最後に、過小値付けによる機会損失を減らすために、企業が意図的に発行株数を抑えている可能性もある。この場合も、過小値付け（をもたらした要因）に原因があって発行総額が減少したのであり、その逆ではない。

このように、発行総額と過小値付けの間の因果関係は必ずしも一律でない。ただ、先取りした話になるが、次の点はあらかじめ強調しておきたい。実際に極端な過小値付けが観察されるのは、例外なく規模の小さな企業である。したがって、過小値付けが原因で発行総額が小さくなったとしても、その過小値付けをもたらした根本原因は「規模の小ささ」に潜んでいると考えられる。

余分なプレミアムが生まれる可能性

ＩＰＯの生み出す高いリターンがすべてリスクの大きさに起因しているとはかぎらない。実際には、リスクに見合う水準をはるかに超えている（としか思えない）リターンが観察されることがある。いま、リスクに見合う水準を超えて発生しているプレミアム部分を「余分なプレミアム」と呼ぶ。その大きさを正確に知ることは困難であるが、概念的にそういうものがあることは認めてもらえよう。ＩＰＯの場合、どういうときにそれは発生するのか。単発的な発生は別として、考えられるケースは２つある。

株価バブル

1つは、市場価格にバブルが発生しているときである。バブルとは、簡単にいうと「人々が上がると思うから上がる」という、実体的根拠のない予想によってもたらされる持続的な価格上昇のことである。もっとも、実際にバブルが発生しても、人々はやがて過度の楽観に気付き、それは急速に崩壊するのが常である。IPOに関していうなら、1999年から2000年にかけて米国を中心に発生したITバブル（欧米での名称はドットコム・バブル）がその典型である。

市場の力を抑え込む人為的な力

バブルが原因で余分なプレミアムが発生しても、通常、それは長続きしない。では、長続きすることがあるとしたら、どういうときか。IPOの場合、公開価格が何らかの理由で人為的に低く設定されているときである。もしIPO株に「市場の力」が働いているなら、ほぼ毎回のように余分なプレミアムが発生している状況をみて、人々は何とかしてそれを手に入れようとするので、公開価格に上昇圧力がかかる。その結果、たとえ徐々にでも、余分なプレミアムは消えていくはずである。

それが長期にわたり繰り返し発生しているというのは、人為的な力が市場の力を抑え込んでいるからにほかならない。日本の場合、これに該当する可能性は高いが、現段階で断定することはできない。

4　IPOにおける利益相反の可能性

裁量の余地の大きいブックビルディング方式

第1章でみたように、現行のブックビルディング方式は、主幹事にとって値付け面での裁量の余地が大きい。また、主幹事を含む引受各社にとって、配分面での裁量の余地も大きい。これは日本にかぎったことではなく、同方式を採用している国にほぼ共通していえることである。

裁量の余地が大きければ、そこには常に利益相反の可能性が潜む。利益相反とは、複数の利害関係者集団と接する経済主体が、特定の集団の利益を優先するために他の集団の利益を犠牲にし、結果として集団間の利益衝突を引き起こす行為である。市場仲介者としての証券会社についていうなら、証券の売り手（発行企業）は高い価格が設定されることを望むが、証券の買い手（投資家）は上昇余地のある低い価格が設定されることを望む。したがって、両者をともに顧客として抱えるかぎり、低すぎる価格設定または高すぎる価格設定により、顧客間の利益衝突を引き起こす可能性を証券会社は有している。[11]

◥欧米諸国における利益相反の事例

主幹事による利益相反の可能性は、日本だけでなく、同じブックビルディング方式を採用する欧米諸国でも指摘されている。ニューヨークやロンドンで上場するＩＰＯの主幹事を務めるのは、多くの場合、米国系を中心とした大手投資銀行である。彼らは、過小値付けにより、発行企業の利益を犠牲にして他の顧客――具体的には機関投資家や上場予定企業――の利益を高める誘因を有している。事実、それを裏付ける証拠が数多く示されている。

たとえば、Reuter（2006）は「投資銀行はより多くの手数料収入が稼げそうな投資家により多くの過小値付け株を配分している」という予測（えこひいき仮説）を立て、米国の機関投資家の1つであるミューチュアル・ファンド（ＭＦ）を対象に、検証している。具体的には、ＭＦが投資銀行に支払った手数料データと、保有株式状況から推定されるＭＦへの配分株数データをつきあわせ、妥当性を支持する結果を得ている。

また、Liu and Ritter（2010）は、「投資銀行（ブックランナー）は上場予定企業の役員の個人勘定に他社の過小値付け株を割り当てることを通して将来の主幹事の座を獲得している」という予測（スピニング仮説）を立て、１９９６～２０００年に上場した米国企業のうち、役員が他社の過小値付け株を受け取ったことが判明している企業のデータを用いて、それを裏付ける証拠を得ている。

さらに、Jenkinson, Jones, and Suntheim（2018）は、英国の金融行為監督機構（ＦＣＡ）が行った投資銀行に対する調査の結果をもとに、ロンドンで上場したＩＰＯを対象として、投資銀行の配分先決定に影響を及ぼす要因を調べている。そして、先述のロイターとほぼ同様の解釈（見返り仮説）を、より直接的なデータを用いて検証し、支持する結果を得ている。

日本型総合証券会社モデル

日本でＩＰＯの主幹事を務めるのは、多くの場合、リテール業務とホールセール業務を兼営する総合証券会社である。ここでリテール業務とは、主として個人を対象とする小口業務の総称で、株式・債券・投資信託などの販売営業を中心に行っている。大手になると、実店舗やネットを通して全国レベルで業務を展開している。

一方、ホールセール業務とは、企業（上場予定企業を含む）、機関投資家、自治体などを対象とする大口業務の総称である。大別すると、株式・債券の引受やM＆Aアドバイザリーなどの投資銀行業務と、国内外の機関投資家を顧客とする各種金融商品の販売・トレーディング業務からなる。

よく知られているように、日本の大手総合証券会社は、株式にかぎっていうと、一方で企業の発行する株式を積極的に引き受け、他方でその株式を顧客の個人投資家に優先的に販売するという、ホールセール・リテール一体型の日本型総合証券モデルを展開している。個人投資家を主要顧客とするリテール業務を同時に営んでいる点が、ホールセール業務が中心の欧米流投資銀行と大きく異なる。

日本型利益相反の可能性

そのため、欧米で問題視されている利益相反とは違ったかたちで、ＩＰＯをめぐる利益相反が起こる可能性がある。すなわち、「過小」値付けにより発行企業の利益を犠牲にして個人投資家に利益を供与するという、あるいは逆に、「過大」値付けにより発行企業の利益を優先して個人投資家の利益を犠牲にするという利益相反である。以下ではこれを日本型利益相反と呼ぶ。

証券会社の営業収益の内訳をみてみると、引受手数料の割合が比較的高いとされる大手５社でも、その比率は10％に満たない[12]。市場の影響を受けて変動しやすいトレーディング損益を別とすれば、大半が投資家から受け取る手数料収入である[13]。つまり、発行体よりも投資家に大きく依存する収益構造となっている。

この点を踏まえると、発行企業の利益を犠牲にして個人投資家の利益を優先するというかたちで、利益相反が起こっている可能性が高い。もっとも、主幹事として担当する企業が（将来にわたり巨額の手数料収入をもたらしてくれるという意味で）重要な顧客であれば、逆方向の利益相反も十分に起こりうる。

ＩＰＯをめぐる利益相反というと、欧米型の利益相反ばかりが注目される。しかし、日本型の利益相反も可能性としてあることを強調しておきたい。

現実には、引受部門と販売部門の間にいわゆるチャイニーズウォール（情報の隔壁）が設けられている。しかし、たとえば「東証マザーズに上場するＩＴ系企業のＩＰＯは極端に低く値付けされている」といった「暗黙の共通認識」があれば、部門間で内部情報のやりとりがなくても、利益相反行為は実質的に可能である。

◥低成長下で顕在化している（？）日本型利益相反

この可能性はいまに始まったことではない。だが、高度成長期にはほとんど問題にされなかった。なぜなら、高成長を背景とした株式相場全体の押し上げが、利害対立構造をみえなくさせていたからである(14)。

いうまでもなく、高度成長はとうの昔に終わっている。したがって、利益相反が顕在化している可能性は多分にある。ところが、ＩＰＯをめぐる日本型利益相反の問題がマスコミなどで取り上げられることは、筆者の知るかぎり、ほとんどない。これはなぜだろうか。

まったくの私見であり、批判を覚悟のうえで述べるなら、これを問題にしだすと、話はＩＰＯにとどまらず、ホールセール・リテール一体型の日本型総合証券モデルの是非にまで発展しかねず、それは制度の根幹を揺るがすという意味でタブーだからである。

筆者自身、本書で日本型総合証券モデルの是非を論じるつもりはない。それよりも、現行制度の枠組みを前提として、ＩＰＯをめぐる利益相反の可能性を減じるにはどうしたらよいかを考えてみたい。そのためには、まず予断を排して、日本型利益相反の可能性を検証する必要がある。

【注】

（1）Miller（1977）が指摘するように、通常、ＩＰＯ株は初日の空売りが禁止されているので、楽観的な投資家の意見ばかりが初値に反映されて高くなる可能性はある。

（2）金子（２０１９）は、売れ残り損失と手数料収入をともに考慮すると、最適な公開価格水準が需給均衡価格「以上」になることを簡単なモデルで示している（同書の図４－３）。つまり、少なくとも過小値付けにはならない。

（3）欧米のＩＰＯ研究者たちはこれを「（交渉の）テーブルに残されたマネー」と呼ぶ。

（4）金融資産のリターンは（リスクのない金融資産の）金利にリスクプレミアムを加えたものとしてとらえられる。

（5）2点ほど補足説明をしておこう。まず、この議論は株価が企業価値を正しく反映していることを想定しているが、はたしてそうなのかという問題がある。学術的には意味のある問題だが、ここでは正しく反映していると仮定して議論を進める。この種の問題はＩＰＯ株にかぎらずどの株式にも共通して存在するので、二次的重要性しかもたないからである。

次に、いま主流のファイナンス理論によると、現在の企業価値がよくわからない本当の理由は、株価が観察されないことではなく、企業価値を評価するのに必要な情報が一部の投資家に偏っていることにある。簡単にいうなら、目論見書には載っていない重要な情報を一部の投資家が握っているというわけである。これを情報の非対称性という。

同理論では、同じ情報が与えられれば投資家は同じ意見や予想を抱くと（暗に）仮定する。そのため、情報が十分に行きわたっていれば、たとえ株価が観察されなくても、現在の企業価値に関する不透明感は生じない。また、たとえ情報が一部の投資家に偏っていても、上場後にはすべての情報が株価に反映されるので、この不透明感は解消する。

このように、「よくわからない」ことの原因を情報に求めるのがいまの学界の主流である。ただし、この考え方を受け入れるかどうかは以下の議論に影響を及ぼさない。

（6）投資家によって認識するリスクの大きさが異なり、そのため提示するビッドが異なっていても構わない。それらを集計化したのがここでいう需要曲線である。

（7）たとえば、Kaneko and Pettway（2003）、岡村（２０１３）第5章、池田・金子（２０１５）、鈴木（２０１７）第11章。

（8）たとえば金子（２０１９）第8章。

（9）裁定とは、割高な方を売って割安な方を買うというふうに、価格差を利用して利益を得る行為である。これがなされるため、性質が同じ2つの商品の価格は一致に向かう。
(10) ここではブックビルディング方式を暗に想定しているが、これが入札方式なら、公開価格にも裁定が及ぶ可能性は高い。そのため、直近の市場動向が初期収益率に及ぼす効果はそれだけ小さくなる。この点は金子（2019）の実証分析でも確認されている。
(11) 正確にいうと、利益相反が起こるのは、代理人（証券会社）が裁量的な意思決定権を有しているだけでなく、依頼人（発行企業または投資家）が情報不足のために代理人（証券会社）の行動を十分コントロールできないときである。
(12) ここで大手5社とは、独立系の野村證券、大和証券、メガバンク系のSMBC日興証券、みずほ証券、三菱UFJモルガン・スタンレー証券のことである。
(13) 日本の証券会社の収入構成については、たとえば二上（2018）参照。
(14) この点も含め、浪川（2020）第4章の指摘は示唆的である。

第2部

どのように歪みが生じているのか——データの提示

Initial Public Offerings

第4章から第7章までの第2部は、IPOの価格形成にみられる歪みの実態をデータで示すパートである。

まず、入札方式からブックビルディング方式へ移行したのちにリターンが極端に高くなり、変動性も高まったことを示す。次に、同じブックビルディング方式を採用する米国と比べても、リターンの水準と変動性がきわめて高いことを示す。

続いて、リターンが高いのは公開価格と初値のどちらに原因があるのかという問題を市場別に考察し、新興企業向け市場で深刻な過小値付けが観察されることを示す。さらに、発行規模の小さなIPOほどリターンが顕著に高くなることを、米国との比較で明らかにする。最後に、仮条件が不自然なほど低く設定され、それが高いリターンを生む「直接的」原因となっていることを示す。

第4章　現行方式下の日本だけ突出して高いリターン

本章では、異常ともいえるほど高いリターンが発生している事実を紹介する。具体的には、入札方式からブックビルディング方式へ移行した途端に著しく高くなったこと、そして同じ方式を採用する欧米諸国と比べても突出して高いことなどを明らかにする。

1　入札方式との比較

本書で使用するＩＰＯのサンプル

最初に、本書で使用するサンプルの対象範囲を明確にしておこう。特定投資家（プロの投資家）向けに運営されている東京プロマーケット（TOKYO PRO Market）は、不特定多数の投資家が参加する市場ではないので、そこに上場した銘柄はサンプルに含めない。逆に、店頭市場（２００４年12月までのジャスダック）は不特定多数の投資家が参加する場なので、そこで公開した銘柄はサンプルに含める。

また、上場投資信託（ＥＴＦ）、不動産投資信託（ＲＥＩＴ）、インフラファンドの上場は、通常のＩＰＯとは性質が大きく異なるので、サンプルに含めない。

◣移行後も件数的には大きな変化なし

第1章で述べたように、１９９７年9月にブックビルディング方式が導入されると、移行期間ともいえる最初の1ヵ月余は別として、入札方式はまったく採用されなくなった。

図表４・１は、最初に入札方式が導入された１９８９年4月から、２０２０年12月までの間に国内で実施されたＩＰＯを対象に、両方式のもとでの、年あたりの件数と平均初期収益率の推移を描いたものである。

これをみるとわかるように、ＩＰＯの件数については、循環的変動はあるものの、ならしてみると2つの方式間で大きな違いはない。単純に年あたりの件数を比較すると、入札方式は約１１９件でブックビルディング方式は約97件であり、入札方式の方が多い。しかし、わずか

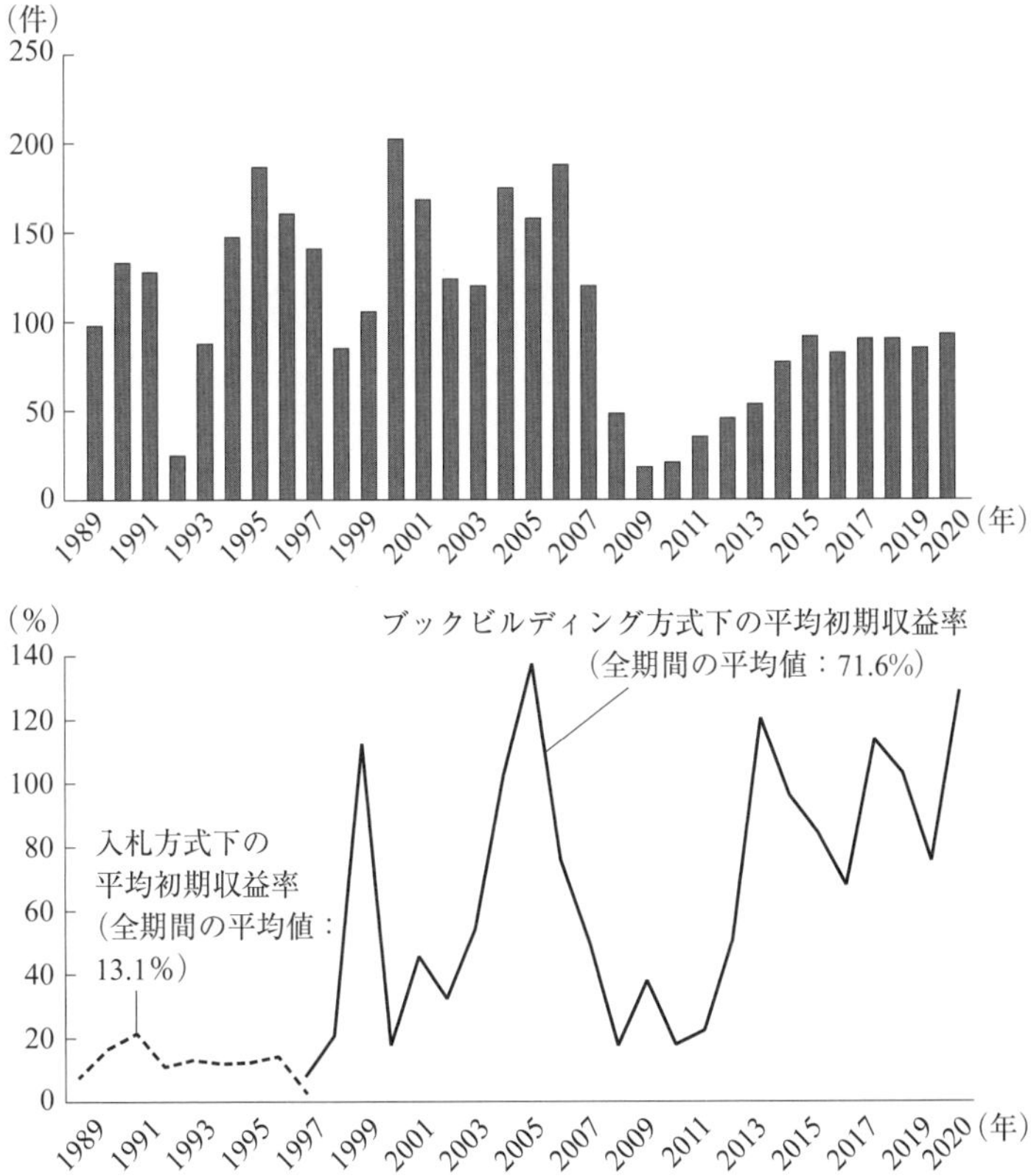

注１：1989年４月～2020年12月に国内で実施されたIPOを対象。上段は年あたりの件数、下段は年あたりの平均初期収益率。ただし、移行年（1997年）の件数は両方式の合計。

２：初期収益率＝(初値－公開価格)／公開価格（%） 初値には初約定日の終値を採用。

出所：筆者構築データベース（巻頭参照）。

図表４・１　IPOの件数と平均初期収益率の推移

3ヵ月しかなかった移行年（1997年）と株式市場が大きく低迷したリーマンショック直後の4年間（2008～11年）を除くと、ブックビルディング方式は約114件であり、入札方式のそれとほとんど変わらない。

移行後に著しく高まった平均初期収益率

ところが、初期収益率は移行後に著しく高まっている。入札方式下の全期間平均が約13％であるのに対して、ブックビルディング方式下の全期間平均は約72％である（初期収益率はすべて終値ベース）。平均で約59％ポイントもの開きがある。

直近の2020年は、IPOに関してとりわけ印象的な1年であった。もともと年始めは新規上場数が少ないうえに、新型コロナウィルス感染拡大の影響を受けてIPO市場は不振が続き、4月以降は（1件を除いて）一斉に延期となった。しかし、6月下旬に再開されてからは活況を取り戻し、結果的に通年で93件のIPOが実施され、年間の平均初期収益率は129％まで上昇した。再開後の期間にかぎると65件で平均180％である。

そのため、この年ばかりが注目されがちであるが、図をみるとわかるように、年間の平均初期収益率が100％以上（初値が公開価格の2倍以上）を記録したのは、この年を含め、現行方式に移行してから6回もある。これに対して、入札方式下では1回もなく、最高でも1991

年の約22％である。

移行後に著しく高まった初期収益率の変動性

同時に、初期収益率の変動性もかなり高まっていることがグラフから読み取れる。これはどう解釈したらよいのか。第1章の図表1・2を用いて説明してみよう。

両方式とも、分子の初値が公開「後」の需給で決まっていることに変わりはない。そのことを踏まえると、入札方式下の初期収益率が比較的安定しているのは、同方式の仕組みゆえに、分母の公開価格が公開「前」の需給を反映して決まっているためである。つまり、同じ株式に対する話なので、公開前の需給と公開後の需給は必然的に似通う。その結果、それぞれの需給を反映して決まる2つの価格も連動することになる。

この論理でいくと、ブックビルディング方式下の初期収益率の変動が激しいのは、分母の公開価格が公開前の需給とほぼ無関係に決められているためと推測される。つまり、分子の初値だけがその時々の需給を反映して決まっているので、初期収益率の変動が激しくなる。このように考える以外、この現象は説明のしようがない。

以上より、現行のブックビルディング方式下では、公開価格が需給を反映せずに決まっている可能性が高いと考えられる。

2　同じ方式を採用している欧米諸国との比較

◥欧米諸国と比べても突出して高いリターン

では、同じブックビルディング方式を採用している欧米諸国はどうなのだろうか。ここでの関心事は初期収益率の高さと変動性である。

「はじめに」で掲載した図表0・1をもう一度みて欲しい。これは、2001年1月から2020年12月までの期間を対象に、主要先進国（日本、米国、英国、ドイツ）の平均初期収益率を示したものである（SPACの上場はサンプルに含まれず）。

ここで2001年以降に限定したのは、単に20年という区切りのよさだけでなく、2つの理由がある。1つは、ブックビルディング方式の発祥国である米国は別として、他の先進諸国で同方式が支配的となったのは90年代後半以降だからである。[1] もう1つは、1999年から2000年にかけて起こったITバブルの発生と崩壊の影響を避けるためである。そういうわけで、本書では特に断らないかぎり2001年～20年を対象とした分析を行う。

このグラフをみるとわかるように、欧米3ヵ国の平均初期収益率は、一番高いのが米国の約17％であり、次いで英国の約13％であり、ドイツはわずか約5％である。[2] これに対して日本は約79％である。少なく見積もっても60％ポイント以上の開きがある。

平均初期収益率の時系列推移

過去20年間の平均を単に比較しただけでは、一部の期間の極端な値が全体の平均を引き上げている可能性を否定できない。そこで、年あたり平均初期収益率の推移を日米で比較したのが図表４・２である。これをみるとわかるように、市場が低迷して上場件数が極端に少なかったリーマンショック直後の４年間を別とすれば、日本の平均初期収益率は米国のそれを常に大きく上回っている。

　しかも、日本の初期収益率は米国のそれと比べて明らかに変動が激しい。図は

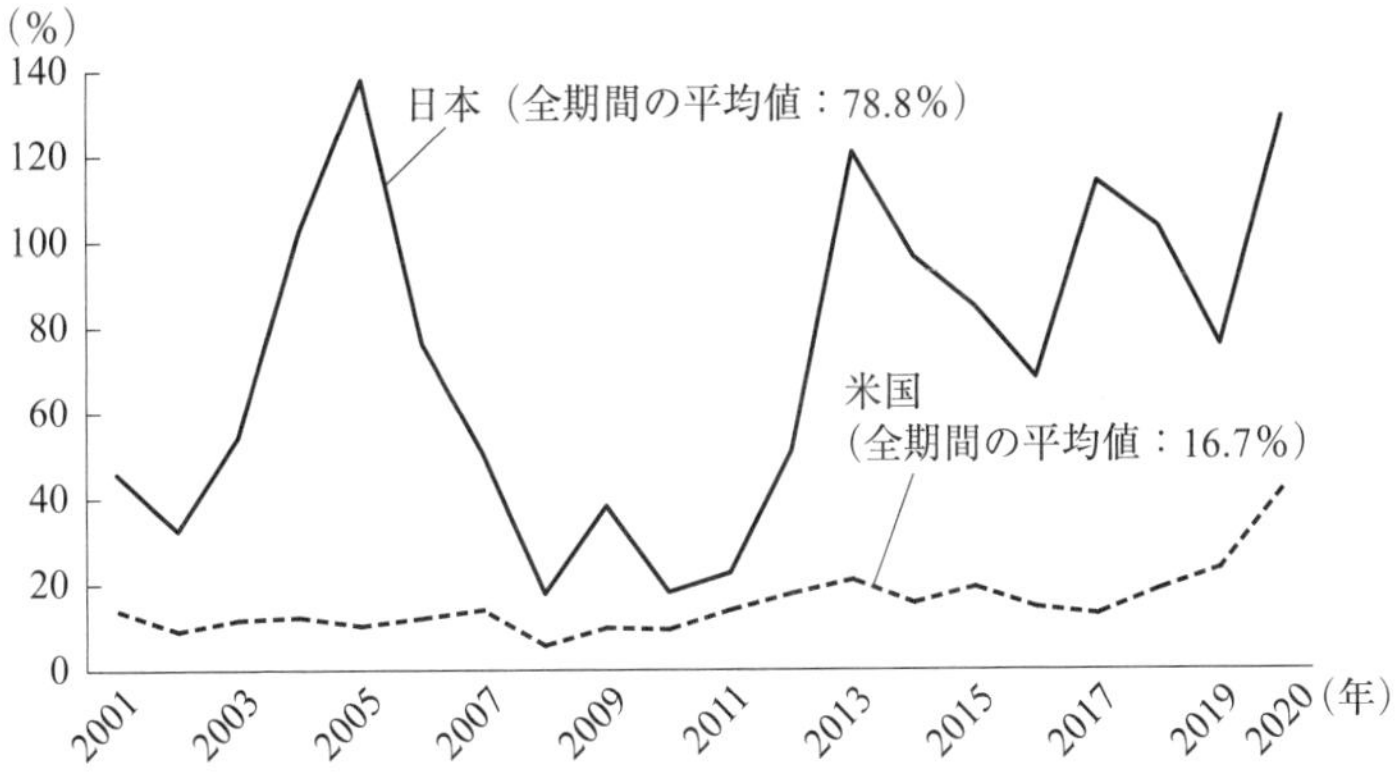

注１：日本は2001年１月～2020年12月に国内で実施されたIPO（計1,893件）を対象。米国はJ・リッター教授の公表サイト（下記）に年別集計表のかたちで掲載されている同期間のIPO（計2,258件）を対象。
　２：日米ともに初期収益率は初約定日の終値を初値に採用して計算。
出所：日本は筆者構築データベース（巻頭参照）、米国はRitter（2021a）のTable 1。

図表４・２　平均初期収益率の日米比較

載せていないが、英国やドイツと比べても同様である。(3) 入札方式下の観察事実とあわせて考えると、「ブックビルディング方式だから変動が激しい」のではなく、「日本のブックビルディング方式だから変動が激しい」といわざるを得ない。

前節で述べた論理にしたがえば、同じ方式を採用しながら欧米諸国の変動性が低いのは、分子の初値だけでなく、分母の公開価格もある程度需給を反映しているからということになる。日本だけいかに公開価格が需給を反映していないかが、間接的に伝わってくる。この問題は、第7章で、値付け制度の日米欧比較の観点からあらためて考察する。

日米の顕著な違いを少し別の角度からみてみよう。いま、初値が公開価格の2倍以上（初期収益率が100%以上）を記録したIPOを初値高騰銘柄と呼ぶことにする。この銘柄の占める割合を求めてみると、同期間、日本の平均が27・3%であるのに対して、米国のそれは1・6%に過ぎない。(4) 米国でミニバブルの様相を呈した2020年を除くと、わずか1・1%である。つまり、日本では4件に1件以上の割合でごく普通に観察される初値高騰銘柄が、米国では100件に1件程度しか観察されない。

算術平均と加重平均の極端な乖離

本書でことわりなしに平均といっているのは、合計値を件数で除した算術平均のことである。

ＩＰＯの場合、初期収益率を発行総額でウエイト付けした加重平均というのも重要な意味をもつ。たとえば、同じ50％の過小値付けでも、発行規模の大きなＩＰＯほど、それが経済に及ぼすインパクトは大きい。したがって、その違いを考慮すべきと考えるなら、算術平均より加重平均でみた方がよい。

図は載せていないが、図表４・２と同じ期間について、加重平均初期収益率の日米比較をしてみると、興味深いことがわかる。(5) 年ごとの値は日米でほとんど変わりなく、全期間の平均値は、日本が15・４％で米国が17・２％である。米国でミニバブルの様相を呈した直近の２０２０年を除けば、日本が14・８％で米国が13・７％である。つまり、日米で差はない。

これだけみると、日本の算術平均の高さを問題視する必要はないと思われるかもしれない。しかし、それは早まった解釈である。そもそも、算術平均と加重平均の極端な乖離はなぜ起こっているのか。第６章で確認するように、米国と比べて、日本では発行規模の小さなＩＰＯが圧倒的に多く、しかも初期収益率がきわめて高い。逆に、発行規模の大きなＩＰＯは件数が少なく、しかも初期収益率が低い。これが乖離の原因であるが、なぜ規模間で極端な格差が生じているのか。正当な理由が示されないかぎり、問題は残されたままである。

なぜ米国で直接上場やSPACが注目を浴びているのか

話は少しそれるが、第2章で指摘したように、米国では通常のIPOに代わる上場手段として、直接上場やSPACとの合併が注目を浴びている。その理由として、上場までの時間を短縮できることだけでなく、過小値付けによる機会損失を回避できるということがあげられる。平均にしてわずか10%台の初期収益率であっても、米国では過大なコスト負担として認識されている。

それに対して日本では、米国より平均で60%ポイントも高い初期収益率が発生しているにもかかわらず、通常のIPOを選択せざるを得ないのが実情である。

3　異常に高いといわざるを得ない日本のリターン

はたしてリスクの高さで説明できるのか

このように、日本のIPOは、かつて採用していた入札方式でのIPOと比べても、また、同じブックビルディング方式を採用している欧米先進諸国のIPOと比べても、極端なほどリターンが高い。しかも、リーマンショック直後の4年間を別とすれば、かなり長期にわたってこの現象は観察されている。これはどう解釈したらよいのか。

第3章で説明したように、リターンの高さが（広義の）リスクの高さに見合っているなら、何の問題もない。では、このリターンの格差はリスクの違いで説明できるのだろうか。第5章と第6章であらためて考察するように、リスクだけで説明することにはかなりの無理がある。第一、同じ日本企業のＩＰＯなのに、公開価格の決定方式が変更されただけでなぜＩＰＯのリスクが突然高まったのか、まったく説明できない。

◪リスクに見合ったリターンの高さはどの程度か

そこでいま、ＩＰＯのリスクの大きさは日本と欧米諸国とで大差はないものと「ひとまず」仮定してみよう。リスクに見合ったリターンの平均的高さはどれくらいか。

日本より発達した株式市場をもつとされる米国と英国では、過去20年間だけでなく、超長期でみても10％台の平均リターンが実現している。Ritter（2021b）によると、１９６０年から２０２０年までの米国（計１３４０９件）の平均は約17％であり、１９５９年から２０２０年までの英国（計５３０９件）の平均は約16％である。この事実は無視できない。

また、すでにみたように、需給をより直接的に反映する方法で公開価格が決定されていた日本の入札方式下でも、10％台のリターンが安定的に実現している。

こうした事実を踏まえると、あくまで平均でみての話だが、ＩＰＯのリスクに見合ったリターンの高さは「ほぼ」10％台であると考えてよさそうである。

たとえリスクの違いを認めたとしても、日本のリターンがいかに異常に高いかがよくわかる。

【注】

（1）Jagannathan and Sherman（2006）参照。

（2）Ｇ７に属する他の先進諸国の平均も10％台もしくは一桁であることは、Ritter（2021b）の54ヵ国一覧表で確認できる。

（3）英国とドイツの時系列データは、Ritter（2021a）の主要国別ページでグラフにより確認できる。

（4）Ritter（2021a）の "Big IPO Runups" 参照。

（5）筆者が計算した日本の加重平均初期収益率データは、Ｊ・リッター教授が作成した米国の同データとともに、巻頭掲載サイトのジャパンページに掲載されている。

第5章

公開価格と初値のどちらに原因があるのか

本章では、日本の初期収益率が異常に高いのは、公開価格の低さに原因があるのか、それとも初値の高さに原因があるのかという問題に対して、実証的に答えを与える。結果を先に紹介するなら、全体的には両面みられるが、代表的な新興市場である東証マザーズでは公開価格が低すぎる面が顕著に観察される。結果は市場によって異なるので、市場別にみた企業属性（リスクの間接的指標）に着目し、その違いを説明できるかどうかを考察する。

1　初値に関する通説と誤解

初値が高すぎるという通説

初期収益率が高い理由を初値に求めることには3つの無理があるということは、すでに第3章で述べた。そのなかで特に重要なのは、入札方式からブックビルディング方式に移行した途端に平均初期収益率が極端に高くなったという事実である。この制度変更は公開価格の決定方式に関するものであり、初値に関するものではない。したがって、移行に伴い公開価格がより低く設定されるようになったと考えるのが自然である。

にもかかわらず、日本では依然として初値が高すぎるという見方が支配的である。その理由としてよくあげられるのは、需給要因に着目した解釈である。要するに、日本のＩＰＯは概して発行規模が小さく供給が少ないので、買いが少し集まるだけで初値がすぐに上昇するという。では、なぜその需給要因は公開価格の決定にも反映されないのか。少しでも反映されていれば、初期収益率が極端に高くなることはないはずである。

公開前の株式には制度化された市場が存在しないので、公開価格の決定に需給が反映されにくいのは確かである。しかし、市場がまだ成立していなくても、公開が予定されている企業の情報は目論見書を通して人々に広く開示されている。したがって、たとえ公開前でも株式に対する需要は投資家の間で間違いなく存在する。第7章で紹介するように、だからこそ欧米では、投資家の需要を公開価格に反映させるための工夫がなされている。

初値についてよくある誤解

ここで、初値についてよくある誤解を解いておきたい。すでに目論見書が配布され、企業内容や発行方法についての情報が投資家に伝わっている公開直前の企業を考える。この企業の発行する株式に対して、投資家はいくらならどれだけ購入してもよいという購入希望価格と購入希望数量をセットで頭に描いている。図を使っていうなら、個々の投資家の需要を集計した需要曲線は右下がりとなる。一方、発行株数はあらかじめほぼ確定しているので、供給曲線は垂直と考えて差し支えない。

いま、この株式の需要と供給を等しくさせる価格水準（需給均衡価格）が800円であったとしよう。個々の投資家が事前にその値を知っている必要はない。

そして、500円で公開価格が決定されたとしよう。なぜ800円より低く決定されたのかをここで問う必要はない。第3章で議論したように、リスクに見合ったディスカウントがなされたのかもしれないし、何らかの理由で人為的に低く設定されたのかもしれない。

このとき、たとえば600円なら購入してもよいと考えている投資家や、700円なら購入してもよいと考えている投資家は、自分の購入希望価格より低い公開価格（500円）が提示されたので、ブックビルディングに参加して需要を表明する。しかし、集計された購入希望数量に比べて供給数量はかぎられているので、IPO株の割当を受けられない投資家が出てくる。つまり、満たされない需要（超過需要）が発生する。

この状態で公開日を迎え、市場での取引がスタートしたとしよう。何が起こるか。満たされない需要を抱えている投資家は、一斉に各自の購入希望価格（たとえば600円）で買い注文を出す。皆がそうするので、価格はただちに上昇する。こうして、すべての超過需要を吸収するかたちで最終的に価格は需給均衡水準の800円で落ち着く。

いうまでもなく、この場合の価格上昇は公開価格が低く設定されていたために起こったものである。つまり、本来の均衡水準に戻っただけに過ぎない。この上昇をもって「初値が高くなりすぎ」というのは、明らかに間違いである。

オーバーシュートの可能性

「初値が高くなりすぎ」ということができるのは、需給均衡水準よりさらに価格が上昇したときである。いまの例でいうなら、たとえば1000円まで上昇したときである。以下ではこれをオーバーシュート（価格の行き過ぎ）と呼ぶ。

これが起こるのはどういうときか。公開日に何らかの理由で新たな需要が発生したときである。図を使っていうなら、需要曲線が新たに右方（上方）シフトしたときである。これは超過需要による上昇とはまったく意味が異なるので、両者を明確に区別する必要がある。ただし、あくまで理屈上の話であって、観察者が上昇の理由を見分けるのは容易ではない。だからこそ両者を混同した解釈が生まれやすい。

たとえば、10単元の購入を希望していた投資家が、1単元しか割当を受けられなかったとする。抽選の結果そうなったと考えてもよいし、証券会社による裁量的な割当の結果そうなったと考えてもよい。この場合、残りの9単元は超過需要の一部であって、公開日に発生する「新たな需要」の一部ではない。ところが、後者とみなす向きが多い。

では、どういうときに新たな需要が発生するのか。ブックビルディングへの参加者制約がある場合は別として（つまり、上場日以降でないと取引に参加できない投資家がいる場合は別として）、これを投資家の合理的行動として説明するのは案外難しい。

その前に、公開価格が低すぎるのかそれとも初値が高すぎるのか、実証的に答えを出しておこう。その結果次第で、あらためて理由を問うことにしたい。

2 ベンチマークとなる株価の求め方

基本的考え方

では、どうやって答えを出すのか。市場で成立する株価は、企業の実力を反映した本来の株価水準（ファンダメンタル価値）にいずれ収斂すると考える。そして、それを比較の基準（ベンチマーク）として、公開価格と初値の高さを測定する。これが基本的考え方であるが、問題はどうやってベンチマークとなる株価をみつけるかである。

当然のことながら公開前には株価の履歴がないので、公開後に実現した株価に着目するしかない。だが、よく指摘されるように、公開直後の株価は本来あるべき水準から乖離している可能性が高い。かといって、年月が相当経過してからでは、企業の実力自体が変化している可能性があるので、その株価をベンチマークとして使うのは望ましくない。

上場6ヵ月後の株価に着目

ここでは上場6ヵ月後の株価に着目する。正確には、初約定日から数えて120営業日後を基準日として採用する。6ヵ月後としたのは、短過ぎも長過ぎもしないという常識的判断に加え、ほかにも理由がある。第1章で述べたように、ロックアップと呼ばれる既存株主への売却制限が解除されるのが、おおむね6ヵ月後（または3ヵ月後）だからである。(1)

厳密にいうと、6ヵ月のロックアップが解除されるのは、公開日と市場休業日も含めて暦日ベースで180日目であり、その翌営業日より売却が可能となる。そのため、売却解禁日が基準日よりあとにくるケースもある。しかし、その場合でもズレはわずか数日なので、解除による売却圧力の影響を基準日の株価は織り込み済みとみなして差し支えない。

◤市場動向の影響を考慮

間隔が6ヵ月も空いているので、基準日の株価を公開価格や初値と単純に比較するのは危険である。たとえば、ある新規上場銘柄の株価が初約定日から6ヵ月後にかけて大きく下落したとしよう。このとき、同じ下落でも、市場全体が低調な中でそうなったのか、それとも市場は比較的堅調な動きを示す中でそうなったのかでは、まったく意味が異なる。前者は市場の影響を受けて下がった可能性が大であり、後者は当該銘柄のもつ個別要因により下がった可能性が大である。

そこで、市場動向の影響を可能なかぎり考慮した株価を算出して比較する必要がある。これを市場調整済み株価という。ここでは、公開価格・初値・基準日（120営業日後）の株価の

3つをそれぞれの日の株価指数（所属市場の平均株価）で除し、基準日の値が100となるように指数化する。そうすることで、公開価格が低いのか初値が高いのかをより正確に判断できる。厳密にいうとこれは簡便法であるが、十分直感に訴える方法といえよう。

若干の補足

ここでの実証結果は以後の議論を大きく左右するので、少しテクニカルな話になるが若干の補足をしておく。

まず、銘柄によっては、120営業日後に取引が成立せず、値が付いていないものもある。流通株式数の少ない銘柄の場合、そういうことはよくある。その場合は、その日以降最初に迎えた約定日の終値を採用する。

次に、対象期間中に株式分割がなされた銘柄の扱いである(2)。たとえば、株価が10万円を超え、最低投資金額（株価×単元株数）が1千万円を超えるような銘柄の場合、個人投資家が買いやすくなるよう、上場して間もない時期であっても株式分割を実施する企業は珍しくない。その場合、分割後に下落した株価をそのまま使って計算するわけにいかない。

この種の問題を処理するとき、通常は権利落ち調整済み株価を使用する。しかし、これだと分割前の株価を低くする方法で計算されるので、それと公開価格を直接比較することはできな

い。そこで、分割比率に応じて作成された「上場日を1とする累積調整係数」を株価に掛けたものを使用する。(3)

3　ベンチマークと比較した公開価格と初値

東証1・2部はきわめてまともな値動き

図表5・1は、株価指数が利用可能な4つの市場（東証1部、東証2部、東証マザーズ、ジャスダック）に対象を限定し、2001年1月から2020年12月までに実施されたIPOについて、前述の方法で指数を計算し、3つの時点――公開価格決定日（A）、初約定日（B）、上場120営業日後（C）――で比較したものである。計算の詳細は図表の脚注に記してある。

図表上段のグラフには、4市場の中で特に特徴的なパターンを示している東証1部と東証マザーズの推移を、4市場全体の推移とともに描いてある。期間中に実施されたIPOの中には、初値が公開価格の10倍近くまで跳ね上がった銘柄もある。そのため、単純に平均値を計算すると、極端な値（いわゆる外れ値）の影響を受けてしまう。そこで、そうした影響を受けにくい中央値を図では採用している（下段の表には平均値も掲載）。

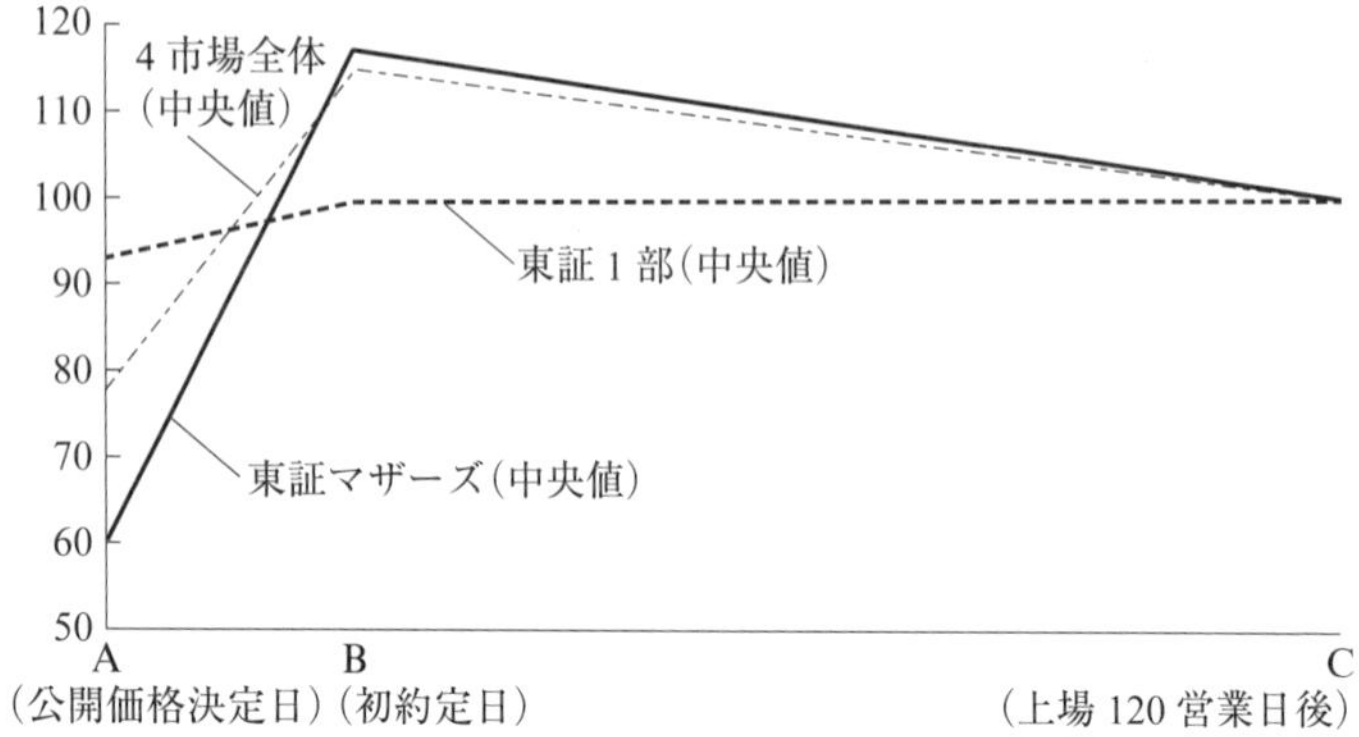

	件数	公開価格		初値		基準株価	上場後下落銘柄比率
		平均値	中央値	平均値	中央値		
東証1部	116	96	93	103	99	100	49%
東証2部	174	99	97	111	111	100	59%
東証マザーズ	651	72	61	130	117	100	62%
ジャスダック	629	93	87	132	119	100	66%
4 市場全体	1,570	85	78	127	115	100	62%

注：株価指数が利用可能な 4 市場（東証 1 部、東証 2 部、東証マザーズ、ジャスダック）に対象を限定し、2001年 1 月から2020年12月までに実施されたIPOについて、公開価格・初値（初約定日の終値）・基準株価（上場120営業日後の終値）の 3 つをそれぞれの日の株価指数（終値）でデフレートし、基準株価が100となるように指数化（株価指数には、東証 1 部はTOPIX、東証 2 部は東証 2 部株価指数、東証マザーズは東証マザーズ指数、ジャスダックはJASDAQ INDEXを採用）。ただし、東証マザーズについては株価指数が利用可能となった2003年 9 月16日以降を対象（そのため観測数が31件減少）。上場して半年以内に粉飾決算が判明したエフオーアイはサンプルから除外。システム障害により取引が全面停止となった2020年10月 1 日は営業日としてカウントせず。期間中に株式分割が実施されている銘柄は、分割比率に応じて作成された（上場日・再上場日を 1 とする）累積調整係数を株価に掛けたものを採用。上場後下落銘柄比率は、市場調整済み初値より基準株価の方が低い銘柄の占める割合。

出所：筆者構築データベース（巻頭参照）、累積調整係数は日経NEEDS株式（新累積調整係数A）。

図表 5・1　上場 6 ヵ月後の市場調整済み株価と比較した公開価格と初値

これをみるとわかるように、東証1部に上場したIPOはきわめてまともな値動きを示している。基準日（120営業日後）の株価と比べて、公開価格の中央値は約7％低く（平均値は約4％低く）、初値の中央値は約1％低い（平均値は約3％高い）。中央値・平均値のどちらでみても、過小値付けの程度は小さく、初値はほとんどオーバーシュートしていない。ただし、ここでいう「過小」とは、初値と比べてではなく、基準日の株価と比べてという意味である。

グラフには載せていないが、東証2部に上場したIPOは、1部よりさらに過小値付けの程度が小さい。ただし、初値の方は約11％オーバーシュートしている。

東証マザーズは公開価格が低すぎる面が顕著

これに対して、代表的な新興企業向け市場である東証マザーズに上場したIPOは、公開価格・初値ともにかなり激しい値動きを示している。中央値でみると、基準日の株価と比べて公開価格は約39％低く、初値は約17％高い。「初値が高すぎる」面も確かにあるのだが、それ以上に「公開価格が低すぎる」面が強く表れている。もっとも、平均値でみると、その関係はわずかながら逆転する。いずれにせよ、公開価格がかなり低く値付けされていることに変わりはない。

グラフには載せてないが、同じく新興市場のジャスダックに上場したIPOについていうと、基準日の株価と比べて、公開価格は約13％低く、初値は約19％高い。したがって、初値が高すぎる面の方がやや強いが、公開価格が低く値付けされていることに変わりはない。最後に、4市場全体でみてみよう。中央値でみるかぎり、公開価格は約22％低く、初値は約15％高い。平均値でみると、その大小関係は逆転している。

このように、全体では「公開価格が低すぎる」面と「初値が高すぎる」面の両方が観察されるが、東証マザーズでは前者が顕著となっている。上場6ヵ月後の市場調整済み株価を基準とするかぎり、新興企業の公開価格が低すぎるというのは事実といってよい。

長期保有を敬遠させるようなリターン構造

図表5・1を少し別の角度からみてみよう。公開価格でＩＰＯ株を取得した投資家にとって、初値で売り抜けるのと上場6ヵ月後まで保有し続けるのとでは、市場調整済みの値で比較した場合、どちらが有利か。わずか6ヵ月の保有を長期ということはできないが、ある程度長く保有した場合のリターンが、上場日に手放した場合と比べてどうなのかは、関心のあるところである。

平均値や中央値でみるかぎり、東証1部に上場したＩＰＯ以外は、初値で売り抜ける方が得である。とりわけ、東証マザーズに上場したＩＰＯの場合、上場6ヵ月後まで保有しても十分に高いリターンは得られるのだが、それ以上に、初値で売却した方が高いリターンが得られている。同様のことはジャスダックについてもいえる。

もちろん、すべての銘柄がそうだというわけではない。同表右端の上場後下落銘柄比率をみるとわかるように、東証マザーズ上場銘柄の約38％（ジャスダック上場銘柄の約34％）は、6ヵ月後にかけて市場調整済み株価が上昇している。つまり、銘柄によってはある程度長期で保有した方が有利なものもある。しかし、過半は上場6ヵ月後にかけて下落しており、結果的にみると、初値で売り抜けた方が得となっている。

簡便法による実証結果とはいえ、この事実は、公開価格でＩＰＯ株を取得した投資家に長期保有を敬遠させるリターン構造になっていることを示唆する。(4)

4　なぜ初日に新たな買いが入るのか

◥ 合理的行動としては説明の難しい現象

先ほどの図からも明らかなように、単に公開価格が低く値付けされているだけでは、投資家の初値売り抜け行動は必ずしも起こらない。売り抜けずに（たとえば）6ヵ月後まで保有しても、多くの場合、リターンが約束されているからである。公開価格が低く値付けされているうえに、初日にオーバーシュートが発生するから、この機会を逃すまいと初値売り抜け行動が起こる。このことは、裏を返せば、初日に新たな買いが入っていることを意味する。

しかし、6ヵ月の保有期間でみるかぎり、東証1部は別として、初値で購入しても平均的には損失を被る。それなのに、なぜ投資家は新たな買いに入るのか。抽選を含むブックビルディングに参加できない投資家がいるなら話は別だが、日本の場合、希望した配分を受けられるかどうかは別として、基本的には誰でも参加できる。配分を受けられなかった投資家の需要は超過需要を形成するだけで、新たな買い（需要曲線の右方シフト）とはみなせない。

そう考えると、合理的な投資家を想定してこの現象を説明することはかなり難しい。これは本書の主題から外れる問題なので深入りするつもりはないが、この機会に筆者の解釈を述べておこう。

◥見せかけの人気に誘発されている可能性

第7章であらためて証拠を示すように、日本の場合、公開価格の約9割は仮条件の上限で決定されている。直近5年にかぎると、じつに95％がそうである。しかも、そのときに実現する平均初期収益率は、そうでないケースと比べて、桁違いに高い。このことは、公開価格が低すぎて超過需要が発生していることを意味する。

当初は購入意欲がなくブックビルディングに参加しなかった投資家が、公開価格が仮条件の上限で決定されたのをみて、何を考えるだろうか。当該銘柄が人気過熱状態にあることを知り、自分にはないポジティブな情報（買い材料）をもつ投資家が多く存在すると考えても不思議はない。とりわけ、自分のもつ情報やその評価に自信がない個人投資家ほど、そうした考えをしがちである。

そのような投資家が、初日に買えばまだ間に合うと考えて買いに走るのではないだろうか。つまり、「見せかけの人気」に誘発された買いと考えれば、うまく説明がつく(5)。

もちろん、これは1つの解釈に過ぎず、今後検証が必要である。ただし、あらかじめ次の点を強調しておきたい。もしこの解釈が正しければ、初日に新たな買いが入ってオーバーシュートが起こるのは、仮条件が低く設定されているからである。それがなければ、見せかけの人気は生まれてこない。そう考えると、真に解明すべきなのは、なぜ仮条件が低く設定されているのかである。要するに、初値の問題は値付けの問題に帰着する。

5　企業属性に着目した説明の限界

◥過小値付けを説明する際によく注目される企業属性

3でみたように、公開価格と初値の相対的な関係は市場によってかなり異なる。そこで、公開時における企業の属性を市場間で比較してみよう。

図表5・2は、新規公開企業の代表的属性として、IPOの発行規模、上場時の企業年齢、情報通信業に属する企業の占める比率（ICT比率）の3つを取り上げ、初期収益率とともに4つの市場間で比較したものである。

これら3つの属性に着目したのは、過小値付けを説明するときのリスク要因（正確にはリスクの間接的指標）としてよく取り上げられるからである。たとえば、情報通信業には、独創的な技術やアイデアを駆使して新事業を展開している企業が多く、そのため企業価値評価が難しく、リスクの高い企業が多いと考えられる。投資家の感じるリスクが高ければ、それだけ彼らは大きなディスカウントを要求するので、平均的にみて高いリターンが実現する（第3章参照）。

問題は、異常に高いリターンがそうしたリスク要因でうまく説明されるのか、という点である。

市場	件数	初期収益率		発行規模（百万円）		企業年齢（年）		ICT比率
		平均値	中央値	平均値	中央値	平均値	中央値	
東証1部	116	11%	3%	108,167	30,037	33	32	10%
東証2部	174	19%	6%	3,635	2,476	37	35	14%
東証マザーズ	685	119%	87%	2,835	1,242	12	10	37%
ジャスダック	629	60%	30%	2,097	962	24	21	17%
全市場	1,893	79%	40%	8,922	1,167	20	14	25%

注：2001年1月から2020年12月までに実施されたIPOを対象。発行規模は発行総額（公開価格×発行株数（オーバーアロットメントによる追加売出し分を含む））、企業年齢は設立から株式公開に至るまでの所要年数、ICT比率は情報通信業に属する企業の占める比率。「全市場」はその他市場を含む。

出所：筆者構築データベース（巻頭参照）。

図表5・2　市場別にみた新規公開企業の属性と初期収益率

予想どおりの市場間リターン格差

最初に、初期収益率の市場間格差をみておこう。これをみると、件数的に大半を占める新興企業向け市場の初期収益率がいかに高いか、とりわけ東証マザーズのそれがいかに全体の平均値を押し上げているかがわかる。逆に、東証1部や2部の初期収益率は欧米諸国並みに低いこともわかる。これらは、図表5・1から予想された結果である。

米国の企業属性と比較する理由

以下では、4市場の中で特に高いリターンが実現している東証マザーズに焦点を絞ることにする。予想されたとおり、他市場と比べて、上場時の企業年齢は顕著に低く、ICT比率は群を抜いて高い。発行規模もジャスダックに次いで小さい。間接的な指標ではあるが、いずれもIPOのリスクが相対的に高いことを示唆している。しかし、これだけで同市場の異常に高いリターンを説明できるのだろうか。

この問題を直接的に検証することは難しい。ここでは、米国の企業属性との比較を通して間接的にこの問題に接近する。というのも、第4章で考察したように、米国では超長期の平均初期収益率が10％台であり、リスクに見合ったリターンを平均で「ほぼ」実現していると考えられるからである。

いいかえると、日本のリターンの高さをリスクの大きさで合理的に説明しようとしたら、大前提として、企業年齢の低さ・ICT比率の高さ・発行規模の小ささといったリスク要因のどれか1つでも、米国と大きく異なっていなければならない。さもなければ、リスクの違いで説明を試みることは説得力をもたなくなる。

企業年齢の低さやICT比率の高さでは説明が難しい高リターン

まず、上場時の企業年齢であるが、米国の場合、ニューヨーク証券取引所(6)（NYSE）とナスダックをあわせても、同期間（2001～2020年）の中央値は11年である。図表5・2をみるとわかるように、東証マザーズの値と変わらない。残念ながらナスダックだけのデータは手元にないが、新興企業の上場が圧倒的に多い同市場の企業年齢がもっと低いことは自明である。したがって、企業年齢の低さに着目して東証マザーズの高リターンを説明することには大きな無理がある。

次に、ＩＣＴ比率であるが、米国の場合、いわゆるテック企業がそれに相当すると考えると、ＮＹＳＥとナスダックをあわせて、同期間の平均は約32％である。[7] これにバイオ・テック企業も加えると、平均は約56％にもなる。ナスダックに限定したらさらに高くなるであろうことは容易に想像できる。したがって、ＩＣＴ比率の高さに着目して東証マザーズの高リターンを説明することにも、やはり大きな無理がある。

そうなると、可能性として残されるのは発行規模の小ささである。確かに、日本のＩＰＯの発行規模は米国と比べると圧倒的に小さい。では、規模の小ささに起因したリスクの大きさだけで異常に高いリターンを説明できるのだろうか。この点は本書の中心課題でもあるので、次章であらためて検討する。

【注】

（1）実際のロックアップは、株価が一定以上（たとえば公開価格の1・5倍以上）に達した場合は期間終了前でも解除することを条件に加えていることが多い。

（2）株式分割とは発行済み株式を一律に分割することである。たとえば、1：5の株式分割を実施した場合、株主の保有株数はすべて5倍となる。株数が増えただけで企業の価値は変わらないので、この場合、理論上の株価は5分の1となる。実際、市場で成立する株価はその水準付近まで一気に下落する。

（3）上場日を1とする累積調整係数のデータは日経ＮＥＥＤＳ株式に収録されている。ただし、再上場銘柄の場合、再上場日の累積調整係数が1となるよう再計算する必要がある。

（4）鈴木（２０２１）は、公開後2日目にＩＰＯ株を取得して買い持ち（buy-and-hold）をしたときの配当込み超過収益率を、2通りの方法で計算している。それによると、3ヵ月、6ヵ月、12ヵ月のいずれの保有期間でみても、超過収益率は平均でプラスである。ただし、公開価格や初値で取得した場合の買い持ちリターンをみているわけではない。

（5）投資家のもつ非合理性に着目して値動きなどにみられる謎を解明しようとする学問分野である行動ファイナンスによれば、これは情報カスケードと呼ばれる現象である。

（6）企業年齢に関する米国のデータはRitter（2021a）のTable 4参照。

（7）テック企業の定義とデータについてはRitter（2021a）のTable 4b参照。

第6章

小規模ＩＰＯほど極端に高くなるリターン

本章では、企業にとってのコストの一部であるＩＰＯのリターンを発行規模別に比較する。まず、日本では、件数的に大半を占める小規模ＩＰＯの初期収益率が極端に高いことを、米国との比較を通して明らかにする。次に、過小値付けによって企業が被った機会損失額を試算し、東証マザーズに上場した新興企業の損失負担割合が極端に高いことを示す。最後に、企業にとってのＩＰＯのコストを入札方式下と比較し、小規模になるほど現行方式下のコストが相対的に高くなることを示す。

1　発行規模別分布の日米比較

発行規模の定義

第2章で述べたように、日本ではVCが十分に発達していないこともあり、成長のための資金が必要な新興企業はかなり小規模のうちからIPOを選択せざるを得ない。証券取引所の上場審査基準もそれを可能にするものとなっている。

図表6・1は、2001年から2020年までに実施されたIPOを対象に、発行規模を4つに分け、それぞれの規模ごとに件数の占める割合を求め、日米で比較したものである(1)。米国との大まかな比較を可能にするため、1ドル＝100円を想定している。同期間の平均為替レートは厳密にいうと106・5円であるが、この程度の差は許されよう。

分類区分としては、発行総額10億円未満（1千万ドル未満）を超小型IPO、同10億円以上50億円未満（1千万ドル以上5千万ドル未満）を小型IPO、同50億円以上100億円未満（5千万ドル以上1億ドル未満）を中型IPO、同100億円以上（1億ドル以上）を大型IPOと定義している。

米国の場合、発行総額1億ドル以上のIPOを大型と呼ぶのは、同国のIPO事情に通じて

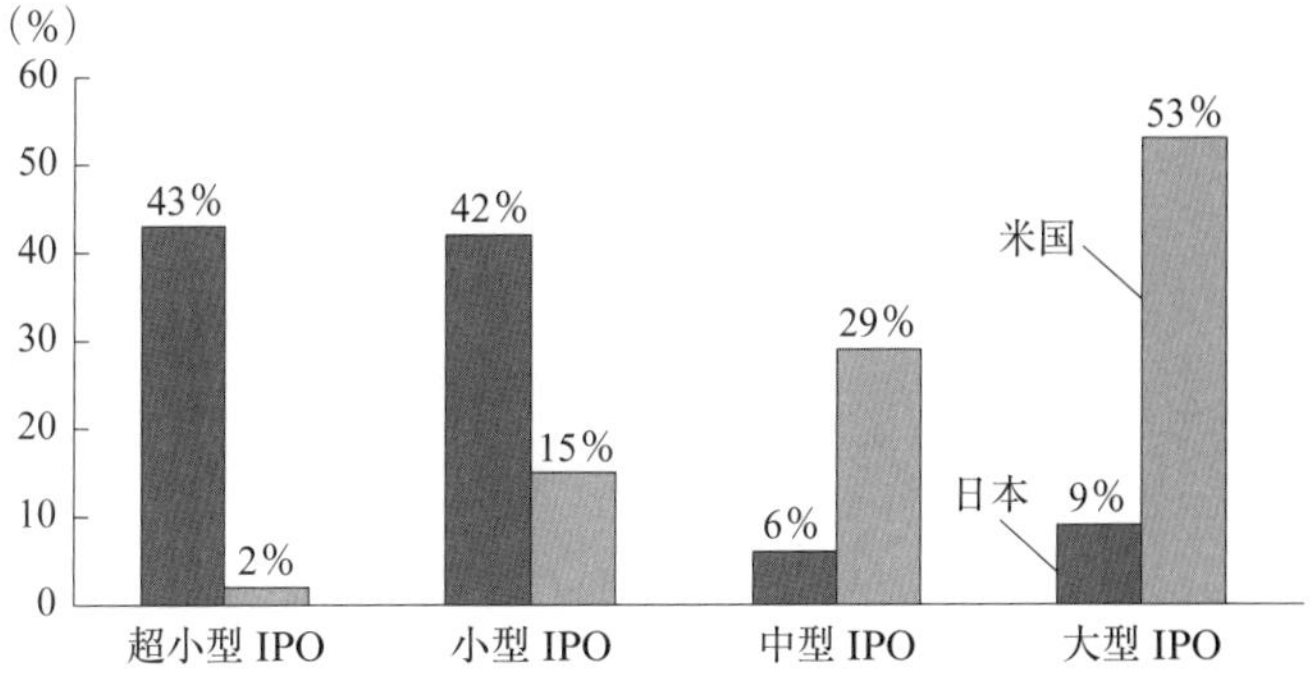

注：2001～2020年に実施された通常のIPO（日本：計1,893件、米国：計2,385件）を対象に、以下で定義された発行規模ごとに件数の占める割合を計算。ただし、日米の大まかな比較を可能にするため1ドル＝100円を想定。

超小型IPO：発行総額10億円未満（1千万ドル未満）

小型IPO：発行総額10億円以上、50億円未満（1千万ドル以上、5千万ドル未満）

中型IPO：発行総額50億円以上、100億円未満（5千万ドル以上、1億ドル未満）

大型IPO：発行総額100億円以上（1億ドル以上）

出所：日本は筆者構築データベース（巻頭参照）、米国はリッター教授提供データ。ただし、本章で使用する米国のデータには、通常はサンプルから排除されることの多い公開価格5ドル未満のIPOも含まれる。

図表6・1　IPOの発行規模別分布：日米比較

いる人からすると違和感があるかもしれない。しかし、日本との比較が主たる目的なので、日本的感覚に沿って、あえて大型と呼ぶことにする[2]。

小型ＩＰＯが大半を占める日本

これをみると、日本では、超小型ＩＰＯが全体の43%、小型ＩＰＯも含めると全体の85%を占めており、いかに小規模企業による上場が多いかがわかる。一方、米国では大型ＩＰＯが全体の

53％と過半数を占めている。日米の規模格差は明白である。ただし、その米国でも、小型IPOが全体の15％（367件）を占めており、決して無視できるサイズではないという点は、次の議論で重要な意味をもってくる。

2　発行規模別リターンの日米比較

極端な規模間格差がみられる日本

図表6・2は、前節と同じデータを用いて、発行規模別の初期収益率を日米比較したものである。グラフには平均値が描かれているが、中央値に置き換えても特徴に差はない。

これよりいくつかの興味深い事実が読み取れる。まず、日本の場合、初期収益率が高いのはもっぱら超小型・小型IPOである。中でも、一番件数の多い超小型IPOの初期収益率は平均で約111％と群を抜いて高い。しかも、発行規模が大きくなるにつれ、平均値は極端に低くなっている。中央値でみても、その傾向に変わりはない。

日本の場合、大半を占める超小型・小型IPOの初期収益率が全体の平均値を押し上げているることは明らかである。発行総額でウエイト付けした加重平均でみると日本の初期収益率は決

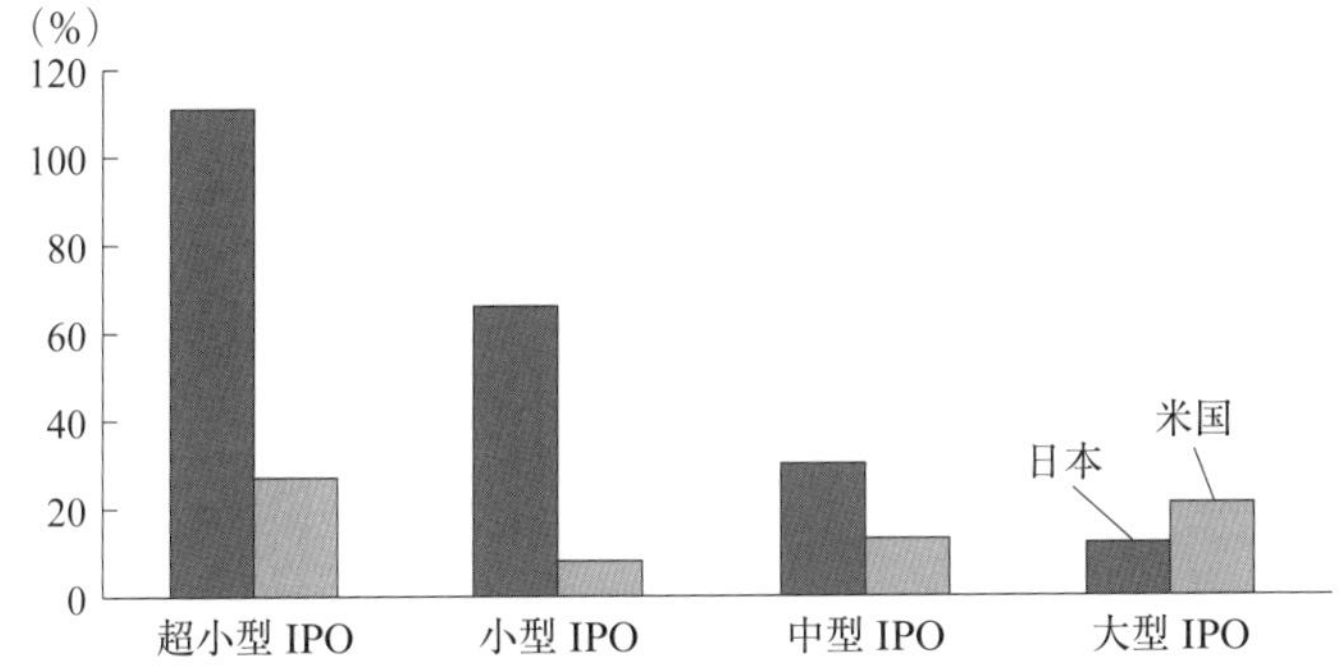

	日本の初期収益率				米国の初期収益率			
	件数	平均値	中央値	負の割合	件数	平均値	中央値	負の割合
超小型IPO	820	111%	72%	13%	47	27%	3%	40%
小型IPO	796	66%	38%	17%	367	8%	2%	28%
中型IPO	108	30%	13%	31%	701	13%	8%	22%
大型IPO	169	12%	3%	40%	1,270	21%	12%	19%
全体	1,893	79%	40%	18%	2,385	17%	9%	22%

注：2001～2020年に実施された通常のIPOを対象に、初約定日の終値を初値として初期収益率を計算。発行規模の定義は図表6・1の注参照。

出所：図表6・1と同じ。

図表6・2　発行規模別の初期収益率：日米比較

して高くないことを第4章で指摘したが、その理由はまさにここにある。

規模間格差の少ない米国

これに対して、米国の場合、発行規模が小さいＩＰＯほど初期収益率が高いという現象は特にみられない。サンプルサイズが小さいので安定的数値とはいえないが、超小型ＩＰＯの中央値は大型ＩＰＯよりむしろ低い。

第4章で紹介したように、同期間における米国の加重平均初期収益率は約17%である

（日本は約15％）。この値が算術平均初期収益率と変わらないという事実は、米国における規模間格差がいかに小さいかを端的に物語っている。

規模の小ささでは説明できない高リターン

発行規模別の初期収益率を日米で直接比較すると、さらに3つほど興味深い事実が読み取れる。まず、小型ＩＰＯの初期収益率を日米で比較してみよう。大型ＩＰＯが過半を占める米国でも、この規模クラスの観測数は367件なので、安定的な数値とみなして差し支えない。すると、平均値・中央値ともに、日本の方が圧倒的に高いことがわかる。

このことは何を意味しているか。「日本の場合、単に規模の小さなＩＰＯが多いからリターンが高いに過ぎない」という通説的主張が、いかに説得力をもたないかである。

価格変動リスクでも説明できない高リターン

次に、大型ＩＰＯの初期収益率を日米で比較してみると、平均値・中央値ともに日本の方が低いことがわかる。つまり、大型になると日米で規模間格差が逆転する。

このことは何を意味しているか。「日本の場合、公開価格の決定から上場までの日数が長いので、その間の価格変動リスクがあるぶん、公開価格が割り引かれる」という主張がよくなされる。その可能性があることは否定しないが、それだけで初期収益率の日米格差を説明することができないのは、やはり明らかである。

負の割合も日米では逆の関係

最後に、初期収益率が負となったＩＰＯの割合を発行規模別に日米比較してみよう。これが負になるということは、あくまで初値で評価しての話だが、「発行企業が得をして割当先の投資家が損をする」という、通常とは逆の状況を意味する。

日本の場合、大規模になるほどこの比率は高く、大型ＩＰＯの約40％が負である。つまり、大規模になるほどＩＰＯ時の値決めで得をしている企業が多くなる。

ところが米国は逆で、小規模になるほどこの比率は高く、超小型ＩＰＯの約40％が負である。超小型のサンプルサイズが小さいので安定的な特徴とはいえないが、米国では小規模になるほどＩＰＯ時の値決めで得をしている企業が多くなる。

米国でなぜこういう結果が得られたのかは、それはそれで興味のある問題だが、ここでは問わない。一方、日本の結果は何を示唆しているか。値決めをめぐる主幹事・発行企業間の力関係が影響しているであろうことは、容易に想像がつく。

3　市場別に試算した機会損失額

機会損失額の試算方法

ところで、発行規模の小さなＩＰＯはそもそも発行株数が少ないので、いくら過小値付けされても機会損失の大きさはたかが知れていると思われるかもしれない（第3章1参照）。そこで、ＩＰＯを実施した企業の機会損失額を試算し、発行規模別に比較してみよう。

問題は、上場後のいつの時点の株価を用いて計算するかである。前章でみたように、東証1部は別として、どの市場でもいわゆる初値天井的な現象が観察されるので、初値で機会損失額を計算すると過大評価になってしまう恐れがある(3)。

かといって、あまり長い期間が経過してからの株価を用いると市場動向の影響を受けてしまう。その場合でも、市場調整済み株価を用いて相対的な値を計算することは可能であるが、絶対額ではないので実感が湧かない。

そこで、多くのＩＰＯは遅くとも上場1ヵ月以内に値動きが落ち着いてくるという経験的事実を踏まえ、1ヵ月後（正確には20営業日後）の終値を用いることにする。そして、仮に1ヵ月後の株価で同数の株式を発行したら得たであろう金額――これを推定獲得額と呼ぶ――から

「実際の獲得額」を差し引いた残りを機会損失額とみなす。

ここで実際の獲得額とは、公募を行った企業の調達額と売出しに応じた既存株主の回収額の合計である。具体的には、公開価格から引受手数料分を差し引いた引受価額に、オーバーアロットメント分を含む新規公開株数を掛けるかたちで求める。

一方、推定獲得額は次のように求める。まず、IPOに適用された引受手数料率が1ヵ月後の株式発行にも適用されるものとする。そして、上場20営業日後の終値から引受手数料分を差し引いた価格を推定引受価額とみなし、これに上と同じ新規公開株数を掛ける。

機会損失額の試算結果

図表6・3は、こうして得られた結果を市場別に整理したものである。単に絶対額だけでなく、機会損失の程度を相対的にみるため、実際の獲得額で除した比率も個別企業ごとに計算し、載せてある。(4) 同様の表は発行規模別でも作成したが、市場別の方がよりハッキリした傾向が読み取れるので、ここでは市場別の方を紹介する。

これから明らかなように、実際の獲得額のみならず機会損失額も、東証1部に上場した企業の値が断然大きい。これは絶対額なので、市場間の規模格差を考えれば、当然の結果である。その代わり、比率でみた機会損失の程度は、東証2部に上場した企業と同様、かなり低い。他

（金額単位：百万円）

市場	実際の獲得額		機会損失額		機会損失額比率	
	平均値	中央値	平均値	中央値	平均値	中央値
東証1部	91,862	26,315	8,094	2,259	19%	13%
東証2部	3,400	2,307	361	129	16%	6%
東証マザーズ	2,627	1,142	1,871	827	120%	77%
ジャスダック	1,971	888	646	174	53%	26%
全市場	7,588	1,077	1,485	376	75%	36%

注：2001～2020年に実施された通常のIPO（民営化企業４社を除く1,789社）を対象に、以下の方法で１件あたりの値を計算（発行株数にはオーバーアロットメント分が含まれる）。「全市場」にはその他の市場も含まれる。

実際の獲得額(企業の調達額+既存株主の回収額)=引受価額×IPO時の発行株数

機会損失額＝推定引受価額×IPO時の発行株数－実際の獲得額

推定引受価額＝上場20営業日後の終値×（１－IPO時の引受手数料率）

機会損失額比率＝機会損失額／実際の獲得額（個別企業ごとに計算）

出所：筆者構築データベース（巻頭参照）。

図表６・３　市場別にみたIPOの機会損失額：上場１ヵ月後の株価を用いた試算

市場と比べるかぎり、過小値付けによる損失の程度は軽微といってよい。

これに対して、代表的な新興市場である東証マザーズに上場した企業の機会損失は、無視できぬほど大きい。実際の獲得額の平均が約26億円であるのに対して、機会損失額の平均は約19億円である(5)。個別企業ごとに計算した機会損失額比率は、平均で約１２０％である。つまり、実際の獲得額の１・２倍もの損失を被っている。

東証マザーズでは「初値が高すぎる」面より「公開価格が低すぎる」面の方が強いという前章の結果と、ここでの結果をあわせ読むと、新興企業が過小値付けによっていかに多大な損失を被っているかがわかる。絶対額でみた損失が少ないからといって、無視できる話ではない。

4　入札方式とのコスト比較

IPOに伴う直接コストと間接コスト

以上はすべてブックビルディング方式のもとでの話である。ここで、企業のIPOに伴うコストという観点から、かつて実施されていた入札方式との比較をしてみよう。

上場の準備にかかる経費を別とすれば、企業にとってのIPOのコストは大別すると2種類ある。1つは引受手数料に代表される直接コストであり、もう1つは過小値付けによる機会損失という間接コストである。

後者をコストとしてとらえることは欧米では常識となっているが、日本ではその習慣があまりない。その理由として、機会損失はキャッシュの流出を伴わない費用ということがよくいわれる。しかし、引受手数料（スプレッド）もその点は同じである。

ここでは、両方式のコストを比較した金子（2019）第7章の結果を簡単に紹介する。ただし、入札方式によるIPOは1997年10月8日を最後に一度も実施されていない。したがって、データがかなり古いので、当時の費用構造がいまでも成り立っているという保証はない。その点は注意を要する。

小規模ほど入札方式の方が有利となる直接コスト構造

まず、実際の値をみるまでもなくいえることだが、入札方式の方が引受手数料率は全般的に低い。これは、引受証券会社としての業務の違いを考えれば当然である。入札方式下では、公開価格は入札結果に基づいて決めればよいし、配分先も入札部分の株式については落札と同時に決まっている。要するに、業務量が圧倒的に少ないのである。

しかも、金子（２０１９）によると、両方式間の引受手数料率格差は、規模が小さくなるほど大きくなる（同書・図7－2）。引受手数料率が自由化された１９９４年12月以降でみると、入札方式下のそれは、高くても４％程度、低くても３％程度で、規模の経済はほとんど働いていない。これに対して、ブックビルディング方式下の引受手数料率は、第1章のコラムAでもみたように、規模の経済が顕著に働いている。

入札方式のデータが古いので数値的な比較はできないものの、規模が小さくなるほど入札方式を選択した方が有利な引受手数料構造になっていることは確かである。

小規模ほど入札方式の方が有利となる間接コスト構造

第4章でみたように、入札方式の方が平均初期収益率は圧倒的に低い。しかも、金子（2019）によると、「発行規模が小さくなるほど初期収益率は顕著に高くなる」という現行方式下の現象は、入札方式下ではまったく観察されない（同書・図7-3）。

ということは、引受手数料だけでなく、過小値付けという間接コストでみても、規模が小さくなるほど入札方式の方が有利な費用構造になっていることを意味する。残念ながら、具体的に発行総額がいくら以下ならトータルコストが低くなるかを判断することはできないが、入札方式を選択した方が有利となる規模領域が（おそらくかなりの範囲にわたり）存在することは確かである。

逆に、図表6・2でみたように、規模が大きくなるほど現行方式では間接コストが大きく減少する。したがって、大規模企業の場合、トータルコストでみるとブックビルディングの方が有利となる可能性はある。

なぜ入札方式を選択する企業が登場しないのか

このことは重要な問題を提起する。ブックビルディング方式が選択可能なかたちで導入されて以降、入札方式を選択する企業がまったく登場していない。これはどういうことか。第1章で紹介したように、導入時の証券取引審議会（当時）の答申によれば、「いずれの方式をとるかについては、発行体と引受証券会社がそれぞれのニーズに応じて判断できるようにすることが望ましい」とあるにもかかわらず、である。

もちろん、企業はＩＰＯのコストだけで値付け方式を選択しているとはかぎらない。たとえば、主幹事との関係を良好に保った方が長期的・総合的にみて得策であると判断したら、たとえコスト的に不利でも、主幹事の提案するブックビルディング方式を進んで（？）選択するかもしれない(6)。

そうした可能性があることは認めるが、これまで入札方式がまったく選択されてこなかったというのは、どう考えても不自然である。

【注】

（1）米国のデータはＪ・リッター教授（フロリダ大学）より個人的に提供されたものである。発行規模別の日米比較をより正確に行うため、本章で使用する米国のデータには、通常はサンプルから排除される公開価格５ドル未満のＩＰＯも含まれている。

（2）本書では見やすさを優先して規模を４つにしか分けていないが、金子（２０２０）ではより細かな規模区分で日米比較を行っている。

（3）初値天井とは、上場後の株価で、一番高いのが初値で、あとは下落する一方にある状況を指す業界用語である。ただし、どの程度の期間を指す言葉なのかは明確でない。

（4）表の右列の値は、個別企業ごとに計算した比率の平均値と中央値なので、中央列にある値を左列にある値で除したものとは異なる。

（5）約19億円という機会損失額の平均は、鈴木（2021）で示されている「2013年から2019年におけるベンチャー向け市場（ジャスダック、マザーズ）でIPOした企業の資金調達時の想定経済損失額」（平均19・7億円）とほぼ同じである。

（6）ここでいう主幹事との関係には、同じ企業グループに属する他社（たとえば銀行）との関係も含まれる。

第7章

不自然なほど低く設定された仮条件

本章では、同じブックビルディング方式を採用する欧米と比べて、公開価格の決定プロセスがどう異なるかを最初に紹介する。そして、日本では、目論見書に記載される想定発行価格が仮条件の決定に大きな影響を及ぼしていることと、その仮条件のもつ低位硬直性が異常に高いリターンを生む直接的原因となっていることの2点を明らかにする。

1　日本の公開価格決定方式：簡単なレビュー

第1章で説明したように、日本のブックビルディング方式では、①主幹事が同業他社の株価や財務指標をもとに発行企業の理論株価を算定し、②それを割り引くかたちで想定発行価格を算定・開示し、③機関投資家向けに企業説明会（ロードショー）を開催し、④終了後に需要調査（ヒアリング）を実施し、⑤そこでの意見を踏まえて仮条件を決定し、⑥仮条件の範囲で投資家から需要申告を受け付けて、⑦需要の積み上がり状況をもとに公開価格を決定する。

2　仮条件と公開価格の決め方に関する日米欧の違い

公開価格決定に至るまでの流れ

いまのレビューからも明らかなように、ブックビルディング方式の核となっているのは仮条件である。本節では、仮条件の決め方を中心に、日本の価格決定方式が欧米諸国とどう異なるかを紹介する。欧米については、主としてJenkinson et al.（2006）に基づいているが、その後の制度変更は筆者の知るかぎりで盛り込んである。

日本における公開価格決定に至るまでの流れを整理したのが、図表7・1の左列である。前節で述べたとおりであるが、欧米と比較するうえで重要となる点を1つ補足する。

日本では、証券会社が有価証券届出書を提出する前に募集・売出しの勧誘（届出前勧誘）を

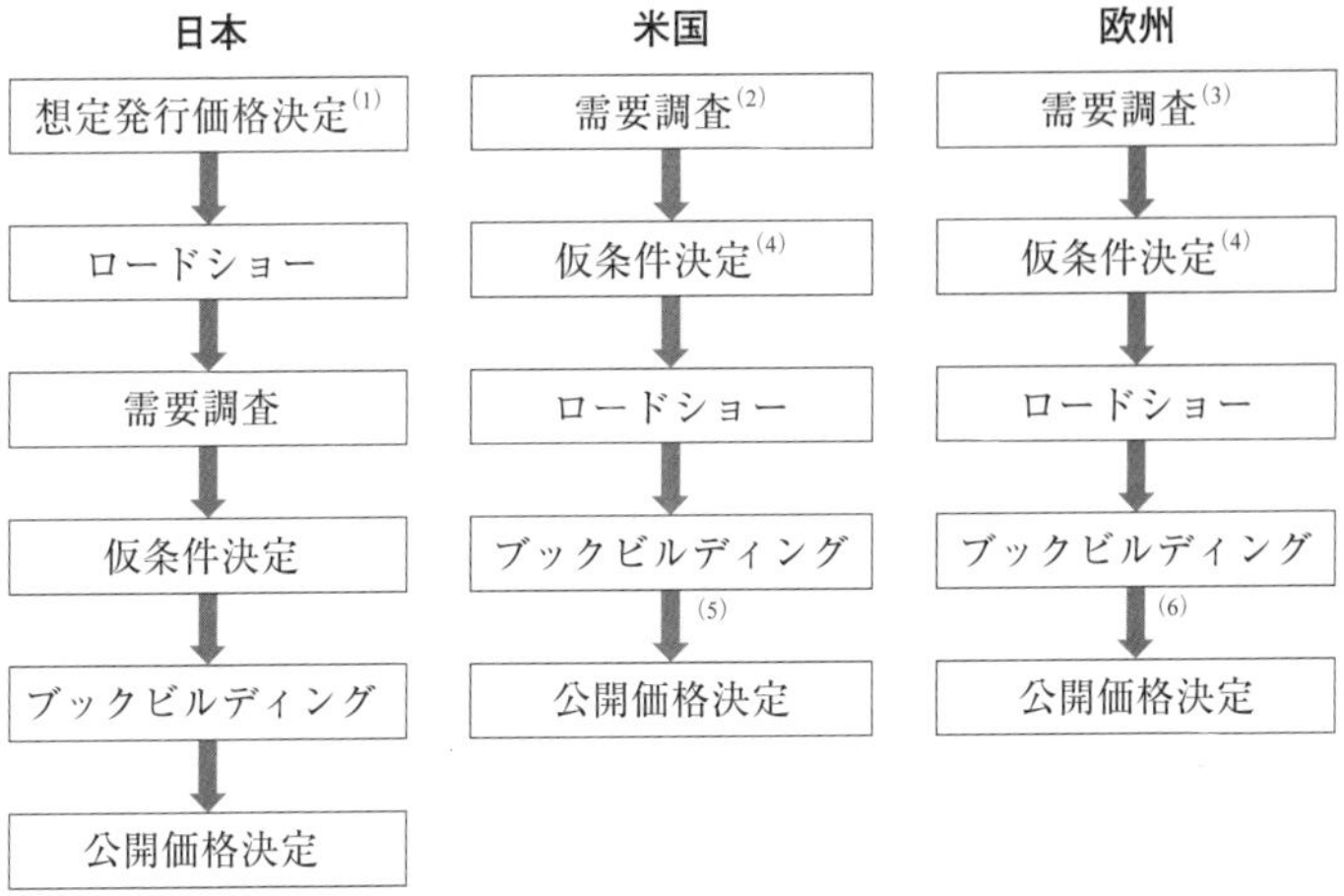

注1：日本の場合、届出前の需要調査は（大型案件のIM以外）行われていないのが実情である。そのため、届出書に記載された想定発行価格は投資家の需要をほとんど反映していない。

2：米国の場合、2012年の新規事業活性化法（JOBS法）制定により、年間売上高が10億ドル未満の新興企業（EGC）にかぎり届出前の需要調査が可能となった（それ以前はすべて禁止）。その後、2019年の同法改正により、10億ドル以上の企業にも適用範囲が拡大された。

3：欧州には届出制度がない。そのため、届出前の需要調査を禁止する規定もない。

4：米国と欧州には主幹事が想定発行価格を記載する慣行がない。代わりに、需要調査の結果を踏まえて主幹事が決定する仮条件の中間値（mid-price）が公開価格の予想値として重要な意味をもつ。

5：米国の場合、需要の強さ次第では、当初仮条件の上限プラス20％（下限マイナス20％）の範囲で、仮条件を修正せずに公開価格を決定することができる（発行株数を変更しないことが条件）。

6：欧州でも、需要の強さ次第では、当初仮条件の上限・下限を超えた水準で公開価格を決定することが可能だが、Jenkinson et al. (2006) によると、超える頻度は米国ほど高くない。

出所：日本は筆者作成。米国と欧州はJenkinson et al. (2006) をもとにその後の制度変更を考慮して作成。

図表7・1　公開価格決定までの主な流れ：日米欧比較

行うことは、不確実・不正確な情報に基づく投資判断を投資家に強いることになるので、ＩＰＯ・ＰＯともに金融商品取引法で禁止されている。問題は、禁止行為である届出前勧誘との線引きが難しい「届出前需要調査（いわゆるプレ・ヒアリング）」の扱いである。

届出前需要調査が行われない日本

内閣府開示のガイドラインでは、ＩＰＯに関するプレ・ヒアリングは「届出1ヵ月以上前の情報開示」とともに認められている。つまり、原則としてＯＫである。しかし、証券会社の事務手続きを規定する業界規則には、ＩＰＯに関することは何も記されていない。一方で、ＰＯに関するプレ・ヒアリングは、業界規則で国内投資家向けが禁止されている。

そのため、ＩＰＯについてもプレ・ヒアリングは行われていないのが実情である。代わりに行われているのは、「届出1ヵ月以上前の情報開示」の枠組みで実施されるインフォメーション・ミーティング（ＩＭ）である。しかも、これが実施されるのは、もっぱら発行総額１００億円以上の大型ＩＰＯであり、ミーティングの相手も海外の機関投資家が中心である。情報開示という性質からして、ＩＭは機関投資家の関心度合いを感触として探る場にはなっても、彼らの需要の強さを直接的に調べる場ではない。

要するに、日本では届出前の需要調査は行われていないに等しい。したがって、届出書に記載される想定発行価格は（ＩＭで得られる感触は別として）投資家の需要をほとんど反映していない。

◥ロードショー後に仮条件が決定される日本

主幹事主導で決定される想定発行価格は、それをもとに算出される発行見込額などとともに、初回の届出書に記載され、公開日の約1ヵ月前に所管の財務局に提出される[1]。同時に、ほぼ同じ内容を記載した目論見書が投資家向けに配布される。そのうえで、機関投資家向けの企業説明会（ロードショー）が開催される。終了後、ただちに、妥当価格水準や申込予定株数に関するアンケート形式の需要調査（ヒアリング）が実施される。

重要なのは、そのあとで仮条件が決定されるという点である。つまり、少なくとも形式上は、機関投資家の需要を把握したあとで決定される仕組みになっている。

こうして仮条件が決定されると、ブックビルディングに入る。日本の場合、参加する投資家は大半が個人投資家である。しかも、彼らの需要がいくら強くても、機関投資家の意見を踏まえて決定された仮条件の上限を超えて公開価格が決定されることはない。そのため、あとでみるように、仮条件の上限で公開価格が決定されることが圧倒的に多い。

米国における届出前需要調査と仮条件の関係

米国の場合、仮条件決定までのプロセスは日本とかなり異なる（図表7・1中央列参照）。簡単にいうと、主幹事は最初に仮条件を決定して、証券取引委員会（SEC）に届出書を提出する。ただし、その前に需要調査を実施できるかどうかは、時期によって異なる。[2] 2012年に新規事業活性化法（JOBS法）が制定される前は、届出前需要調査は原則禁止されていた。つまり、仮条件は事前の需要調査を経ずに決定されていた。

2012年に同法が制定されると、機関投資家に対して、証券の募集に関心があるかどうかを判断するためのテスト・ザ・ウォーターと呼ばれる事前の需要調査（コミュニケーション）が可能となった。ただし、当初は、年間売上高が10億ドル未満の新興企業（EGC）に対象がかぎられていた。

その後、2019年の同法改正により、10億ドル以上の大企業にまで適用範囲が拡大され、今日に至っている。このように時期によって異なるので一概にいえないが、少なくとも現在は、事前の需要調査を経てから仮条件が決定されている。

こうして決められた仮条件の中間価格（mid-price）は、公開価格の予想値として重要な意味をもつ。たとえば、最終的に決定される公開価格が中間価格と比べて何%上方（ないし下方）に「修正」されたかが、関係者の間で常に話題となる。

米国における仮条件と公開価格の関係

日本とは逆に、米国では、仮条件が決定されてから機関投資家向けのロードショーが開催される。そのあとでブックビルディングが実施され、投資家から需要申告を受け付ける。

一部の富裕層は別として、個人投資家は投資銀行にとって直接の顧客ではない。そのため、ブックビルディングに参加するのはもっぱら大口の機関投資家であり、個人投資家は実質的に排除されている(3)。この点、個人投資家も需要申告（抽選を含む）に参加する日本とは対照的である。

話は少しそれるが、米国の場合、排除された個人投資家の需要が上場日に「新たな買い」となって表れ、初値を押し上げている可能性がある。しかし、実現した初期収益率をみると、個人投資家も需要申告に参加している日本と比べて、はるかに低い。このことは、逆にいうと、日本の場合、いかに超過需要が大きく、それが上場日の価格高騰をもたらしているかを示唆している。

話を戻そう。第1章で述べたように、米国では、投資家の需要が予想以上に強ければ（弱ければ）、主幹事は仮条件を適宜上方に（下方に）修正する。あるいは、仮条件の上限プラス20%（下限マイナス20%）の範囲内であれば、仮条件の修正を伴うことなく公開価格を決定できる。いずれの方法をとるにせよ、主幹事は最初に設定した仮条件の制約に縛られることなく公開価格を決定している。

ただし、そうした状況下でも、主幹事は機関投資家から示された需要の強さをフルに公開価格に反映させることはないといわれている。これを部分調整と呼ぶ。(4)

欧州における仮条件の決め方（概要）

Jenkinson et al.（2006）によると、欧州にはそもそも届出制度がなく、したがって届出前の需要調査を禁止する規定もない。主幹事は仮条件を決定する前に機関投資家との間で情報のやりとりを行い、そこで把握した需要を仮条件に反映させることができる。

そのため、仮条件の範囲内で公開価格が決定されることが多い。Jenkinson et al.（2006）によると、（事前の需要調査が禁止されていた）当時の米国と違って、欧州では、仮条件の上限を超えて公開価格が決定されることはあまりない。にもかかわらず、平均初期収益率が米国並みに低いのは、需要が仮条件に反映済みだからである。

この点以外の公開価格決定プロセスは、米国と基本的に同じである（図表7・1右列参照）。

以上から明らかなように、欧州では事前の需要調査を経てから仮条件を決定するかたちで、また米国では仮条件の制約に縛られずに公開価格を決定するかたちで、投資家の需要を値付けに反映させる仕組みができている。

この点、業界規則の関係で事前の需要調査が行われず、しかも仮条件の範囲を超えて決定することが慣習としてない日本とは、きわめて対照的である。

3つの注目すべきポイント

以上の比較より、公開価格の決定に関して3つの注目すべきポイントが浮かび上がる。

第1に、日本でも、機関投資家の意見を踏まえて仮条件が決定される。しかし、それより前に、理論株価を割り引くかたちで主幹事が算定した想定発行価格が目論見書に記載される。この慣行があるため、機関投資家の意見が同価格の影響を受けている可能性がある。とりわけ、彼らが関心をもたない小型案件の場合、その可能性は高い。この点は次の3で検証する。

第2に、米国と違って、日本では、ブックビルディングで表明される投資家の需要がいくら強くても、仮条件の上限を超えて公開価格が決定されることはない。そのため、超過需要が大量に発生し、それが上場日に一気に表面化し、高いリターンをもたらしている可能性がある。この点は4で検証する。

第3に、欧米の大手投資銀行と違って、ホールセール・リテール一体型の総合証券モデルを展開している日本の大手証券会社は、個人投資家をリテール業務の主要顧客として抱えている。機関投資家の意見を踏まえて決定された仮条件のもとで、需要申告（抽選を含む）に参加するのは大半が個人投資家である。この投資家層のズレが前述の超過需要を増幅させている可能性がある。

3　想定発行価格と仮条件の関係

◥目論見書記載価格が影響を及ぼしている可能性

前節で述べたように、日本の場合、主幹事の算定した想定発行価格が目論見書に記載されてからロードショーとヒアリングに入るので、機関投資家はあらかじめその情報を知っている。そうなると、想定発行価格が機関投資家の意見形成を通して仮条件の決定に影響を及ぼしている可能性がある。とりわけ、小型案件の場合、その可能性は高い。

一般に、機関投資家は小型案件に関心を示さない。それは、成長軌道に乗っていない企業が多いためにリスクが大きく、投資規模が小さく、しかも流動性が低いからである。購入意欲のない小型案件に対して、彼らが独自の価値評価に基づく意見をヒアリングで積極的に表明しているとは思えない。それよりも、想定発行価格を参考に回答している可能性が高い(5)。関係者に聞いても、ヒアリング時のアンケートで目論見書記載価格を「妥当な水準」と回答するケースが多いという。

そこで、想定発行価格と仮条件の関係を統計的に調べてみよう。仮条件としては、上限と下限の中間値をその代表として用いる。想定発行価格が初回の届出書に記載されていない場合は、代わりに記載されている想定仮条件の中間値を用いる。いずれの値も、機関投資家向けヒアリングが実施されるより前に開示されている情報である。

機関投資家の意見を反映しているとはいいがたい仮条件

図表7・2は、発行総額10億円未満の超小型ＩＰＯに対象を限定し、想定発行価格と仮条件中間値の関係を散布図のかたちで描いたものである。ただし、図をみやすくするため、分布の集中する価格帯（5千円未満）のＩＰＯだけをズームアップして描いている。

これみると、仮条件の中間値は想定発行価格とほぼ一致していることがわかる。計算された回帰直線は原点を通る45度線と一致しており、相関係数は０・９８８ときわめて高い。

もっとも、対象を発行総額10億円未満からすべての規模に拡大しても、両者の相関係数は０・９８６であり、相関の高さに変わりはない。どうやら小型案件かどうかというのは、この場合、関係なさそうである。

このことは何を意味しているか。考えられる解釈は次のいずれかである。少なくとも中間値

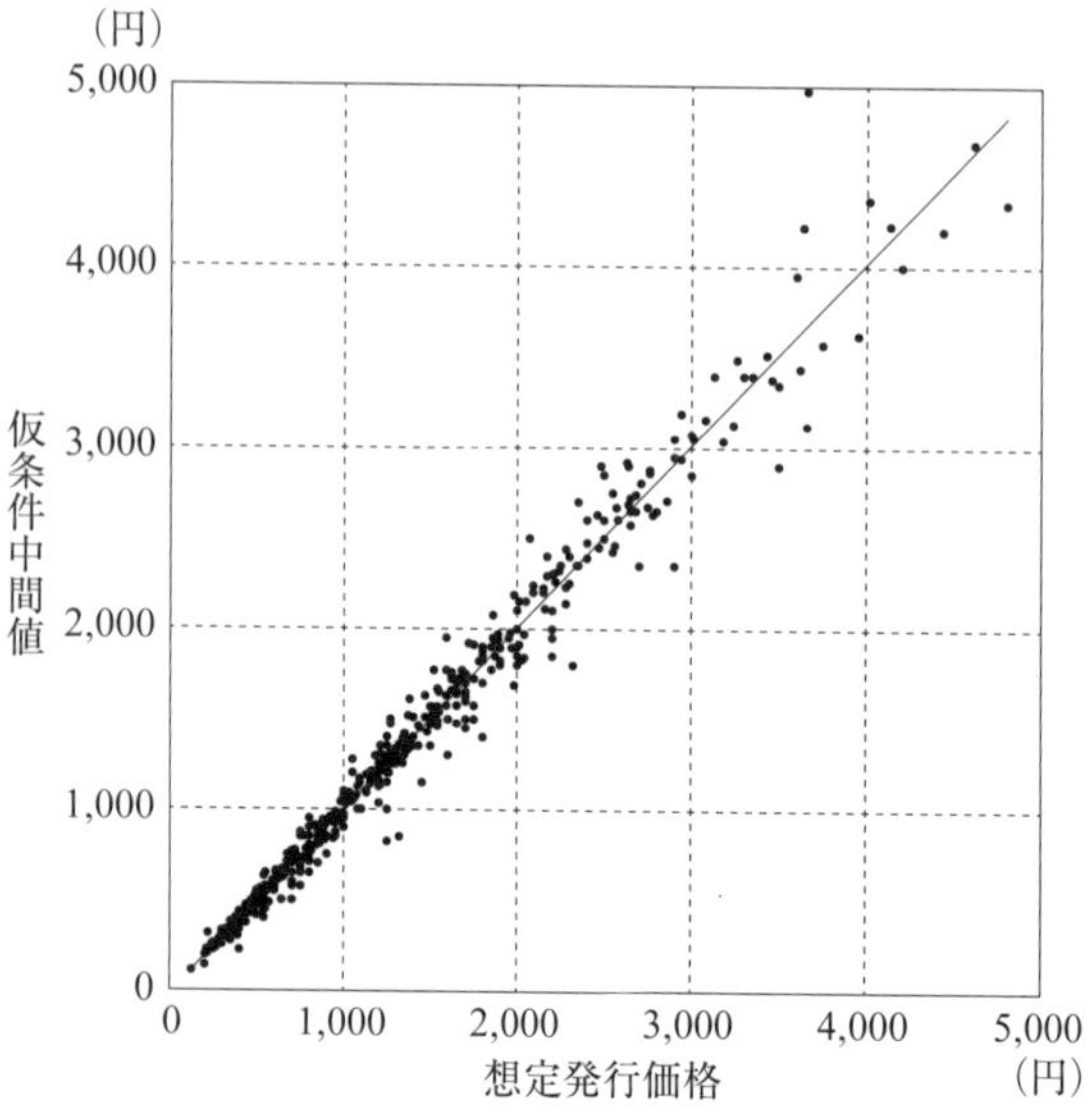

注：2001年1月～2020年12月に実施されたIPOのうち、発行総額10億円未満の超小型IPO（820銘柄）をとりあげ、そのうち分布の集中する価格帯（5千円未満）に属する486銘柄をプロット。図中の右上がりの直線は回帰直線（相関係数0.988）。
出所：筆者構築データベース（巻頭参照）。

図表7・2　想定発行価格と仮条件中間値の関係

でみるかぎり、仮条件の決定に機関投資家の意見はほとんど反映されていない。あるいは、機関投資家のもつ価格情報と主幹事のもつ価格情報に差がなく、そのため両者の意見に違いが生じない。両者の価格発見能力に差がないといってもよい。

前者の解釈が正しい場合、反映されないことの理由として次の2つが考えられる。1つは、機関投資家に関心がないので想定発行価格を「妥当」と回答しているというものである。もう1つは、想定発行価格が低すぎることはわかっていても、できるだけ割安な価格で配分を受けたいので、あえて「妥当」と回答しているというものである。

いずれの解釈が正しいにせよ、何のために「価格発見能力が高い」機関投資家の意見を聞いているのか、理解に苦しむ結果である。主幹事の算定する想定発行価格が最初から適正な水準をとらえているなら、こうした面倒なプロセスをわざわざ踏む必要はないはずである。それとも、機関投資家の意見を踏まえて値決めするという欧米流のスタイルを、かたちだけ踏襲しているのだろうか。そうだとしたら、機関投資家向けヒアリングは単なる儀式でしかない。

4　仮条件と公開価格の関係

より重要なのは仮条件レンジの適切さ

もっとも、たとえ機関投資家の意見が反映されていなくても、ブックビルディングに参加する投資家の需要の強さを拾えるようなレンジに仮条件が設定されているなら問題はない。つまり、需要の集中する価格帯がレンジの中に入っているなら問題はない。そう考えると、より重要なのは、設定された仮条件レンジの適切さであって、誰がそれを決めたかではない。

ブックビルディング参加者の大半が個人投資家であり、あらかじめ決定される仮条件に彼らの声は何ら反映されていないことを考えると、レンジが適切に設定されている可能性は低い。

大半が仮条件の上限で決まる日本

図表7・3は、2001年1月~2020年12月に実施されたIPOを対象に、最初に設定された仮条件（以下、当初仮条件）と最終的に決定された公開価格の大小関係を5つのケース（I~V）に分け、ケースごとの件数割合と平均初期収益率を日米で比較したものである。ただし、日本は、この期間中に公開価格が当初仮条件の上限を超えたケースIは1件しかなく、下限を超えたケースVは1件もない。また、米国については、データの利用可能性の関係で、上限一致のケースIIと下限一致のケースIVは単独では載っていない。

これをみると、日米の違いが鮮明になる。まず日本からみてみよう。公開価格が仮条件の上限と一致しているケースIIの割合が約90%と圧倒的に多い。しかも、そのときの平均初期収益率は約87%であり、他のケース（III、IV）と比較にならないほど高い。この傾向は最近になるほど顕著であり、たとえば2016年以降の直近5年間でみると、ケースIIの割合は約95%であり、そのときの平均初期収益率は約105%である。

これでは、主幹事が最初から上限で公開価格を決定しているのと同じで、何のための仮条件

	日本		米国	
	件数の占める割合	平均初期収益率	件数の占める割合	平均初期収益率
Ⅰ OP ＞ HIGH	0.1%	31.7%	23%	42%
Ⅱ OP ＝ HIGH	**90.0%**	**87.3%**		
Ⅲ HIGH ＞ OP ＞ LOW	5.1%	6.3%	46%（Ⅱ〜Ⅳ）	13%（Ⅱ〜Ⅳ）
Ⅳ OP ＝ LOW	4.9%	0.1%		
Ⅴ OP ＜ LOW	ナシ	ナシ	31%	3%
全体	100%	78.8%	100%	16.7%

注1：日米ともに2001年1月〜2020年12月に実施されたIPOを対象。ただし、仮条件が一本値（下限=上限）となった2018年12月上場のソフトバンクはサンプルから除外。
2：OP：公開価格、HIGH：仮条件の上限、LOW：仮条件の下限
3：ここでいう大小関係は、日米ともに、当初仮条件に対する公開価格の大小関係。日本でこの期間中に当初仮条件の上限を超えたのは2016年7月に日米同時上場したLINEの1件のみ（ケースⅠがそれに該当）。下限を超えたケースは1件もなし。第1章注（18）参照。
4：米国の場合、主幹事は、当初仮条件の上限プラス20%〜下限マイナス20%の範囲内であれば、仮条件を修正することなく公開価格を決定することが可能。ただし、届出書に記載された発行株数を変更しないことが条件。
出所：日本は筆者構築データベース（巻頭参照）、米国はRitter（2021a）のTable 7。

図表7・3　仮条件と公開価格の大小関係と初期収益率：日米比較

（ならびにそのもとでの需要申告）なのかわからない。投資家は「公開価格は仮条件の上限で決まるもの」とみなして需要申告に参加している可能性がきわめて高い。しかも、実際に上限で公開価格が決定されたＩＰＯは、高いリターンがほぼ確実に約束されている。

入札方式が導入される前の1989年3月まで、日本では、一定の算式に基づいて同業他社の株価と財務指標をもとに公開価格を決定する方式（いわゆる固定価格方式）が採用されていた。そして、平均で60%超の初

期収益率が実現していた。投資家の需要の強さを考慮せず、人為的な方法で公開価格が決定されているという点で、現行方式はかつての固定価格方式と実質的に同じである。

仮条件の制約に縛られない米国

これに対して米国では、当初仮条件の上限を超えて公開価格が決定されたケースⅠの割合が約23％あり、逆に下限を超えて決定されたケースⅤの割合が約31％ある。上限も下限も超えずに決定されたケースⅡ～Ⅳの割合は、日本がほぼ１００％であるのに対して、約46％にすぎない。しかも、そのときの平均初期収益率はわずか約13％である。

このように、米国では、公開価格が仮条件の制約に縛られずに決定され、それが初期収益率の低さにつながっている。

逆に、日本では、仮条件の制約に縛られる慣習があり、しかもそれが低位に設定されているので、ほとんどの場合、公開価格はその上限で決定され、結果として異常に高い初期収益率が生み出される。ＩＰＯの価格形成に歪みがあることを示す決定的証拠といえよう。

【注】

（1）初回の届出書には、想定発行価格の代わりに想定仮条件（いわゆる仮仮条件）が記載されることもある。

（2）詳しくは岡田・下山（2019）参照。

（3）米国では、スマートフォン専業証券会社のロビンフッドが、2021年7月の自社上場を機に、個人投資家がＩＰＯ株を公開価格で購入できるサービス（ＩＰＯアクセス）を開始し、「ＩＰＯの民主化」を進めたことが大きな話題になった（2021年7月15日付『日本経済新聞朝』刊第11面「米ロビンフッド次の一手、新規公開、買い手を民主化」）。いかに個人投資家が排除されていたかがうかがえる。

（4）主幹事はなぜ部分調整をするのか。初値に上昇余地を残すよう低く値付けした株式を優先的に配分することで、正直に需要を表明する誘因を機関投資家に与えるためとされている。欧米ではこれが定説となっているが、日本ではあまり説得力をもたない。理由は2つある。第1に、投資家の需要がいくら強くても、仮条件の制約に縛られる慣習があるため、部分調整できる余地はかぎられている。第2に、上昇余地のあるＩＰＯ株の配分で恩恵を受けているのは、需要調査の対象である機関投資家ではなく、主として個人投資家である。

（5）みずほ証券編（2014）によると、機関投資家は「目論見書記載の想定価格を判断基準の1つとして参考に」している。これは行動経済学でいうところのアンカリング効果とみなすことができる。

第3部

なぜ歪みが生じているのか——原因解明の試み

Initial Public Offerings

第8章から第10章までの第3部は、なぜ小型ＩＰＯを中心に価格形成に歪みが生じているのか、理由を解明するパートである。

最初に、第2部で明らかにした観察事実のまとめを行い、解明に向けて若干の準備的考察を行う。そのうえで、主幹事が価格交渉力の強さと業界の慣習を利用して、公開価格をリスクに見合う以上に低く設定しているとする日本型利益相反仮説を、その動機とともに展開する。そして、仮説の裏付けとなる状況証拠を提示する。

第8章 解明すべき不思議な現象

本章では、第2部で指摘した観察事実のまとめを行い、解明すべき「不思議な現象」を明確にする。そのうえで、解明に向けて若干の準備的考察を行う。

1 観察事実のまとめ

第2部で指摘した観察事実のうち、主要なものを列挙すると次のようになる。

観察事実① 1997年9月に入札方式から現行のブックビルディング方式に移行してから、

IPOの初期収益率（以下、リターン）は極端に高くなり、変動性も顕著に高まっている（図表4・1）。

観察事実② 同じブックビルディング方式を採用する米国や英国と比べて、リターンの水準と変動性はきわめて高い。少なく見積もっても、平均で60％ポイント以上の開きがある（図表0・1、図表4・2ほか）。

観察事実③ 日本のリターンが異常に高いのは、公開価格が低すぎるためなのか、それとも初値が高すぎるためなのか。上場6ヵ月後の市場調整済み株価をベンチマークとするかぎり、新興企業向け市場（とりわけ東証マザーズ）で深刻な過小値付け現象が観察される（図表5・1）。

観察事実④ 日本では、件数的に大半を占める小規模IPOのリターンが極端に高く、件数の少ない大規模IPOのリターンは極端に低い（図表6・2）。これに対して、米国ではリターンの規模間格差はほとんど観察されない。

観察事実⑤ 同じ「小型IPO」（発行総額10億円以上50億円未満）に属するサンプルを日米で

比較すると、日本のリターンは米国のそれを平均で58％ポイントも上回っている（図表6・2）。日本のＩＰＯは規模が小さいのでリスクが大きく、それを反映してリターンが高いという説明は、この場合、まったく説得力をもたない。

観察事実⑥ 過小値付けによって企業が被る機会損失額を上場1ヵ月後の株価を用いて試算すると、東証マザーズ上場企業の場合、平均で約19億円である。これは実際の獲得額の約1・2倍に相当し、いかに多大な損失を被っているかがわかる（図表6・3）。

観察事実⑦ 制度上は現在も選択可能な入札方式を現行方式と比較してみると、ＩＰＯの直接コスト（引受手数料）も間接コスト（機会損失）も、発行規模の小さな企業ほど入札方式を選択した方が有利な構造となっている（金子（2019）図7－2、図7－3）。にもかかわらず、現行方式が導入されて以来、最初の1ヵ月余は別として、入札方式が選択されたことは一度もない。

観察事実⑧ 日本では、仮条件の上限や下限を超えて公開価格が設定されることは、証券業界の慣習としてない。過去20年間でみると、仮条件の上限で公開価格が決定されたケースが全体の約90％を占めている（直近5年間では約95％）。しかも、そのときに実現した平均リターンは、他のケースと比較にならないほど高い（図表7・3）。

2　若干の準備的考察

高いリターンをもたらしている直接的原因

いま述べた観察事実⑧からわかるように、異常に高いリターンをもたらしている直接的原因は、仮条件が相対的に低く設定されていることにある。では、なぜ低く設定されているのか。主幹事が何らかの理由で意図的に低く設定していると考えるのが自然である。

ところが、これに対しては証券業界から次のような反論がよくなされる。すなわち、短期利得目的の個人投資家がつねに仮条件の上限で需要を申告してくるので、結果的に上限で公開価格が決まっているに過ぎない。つまり、個人投資家の行動に原因があるのであって、主幹事の行動に原因があるわけではない。この解釈に立てば、仮条件がどのような価格帯に設定されようと、同様の現象が起こることになる。

この解釈には決定的な無理がある。そもそも、なぜ多くの個人投資家は仮条件の上限で需要を申告してくるのか。公開価格が上限を超えて設定されることがなく、それによって高いリターンがほぼ確実に約束されていることを知っているからである。つまり、真の原因は仮条件の低位硬直性にあって、投資家の行動はその結果に過ぎない。その仮条件を決めているのは、ほかならぬ主幹事である。

◥低い値付けをすることのジレンマ

こうした理由から、次章では主幹事による意図的な低位値付け行動という視点から説明を試みる。最大の問題は、なぜそうした行動をとるのかである。

もっと高い価格で販売できたにもかかわらず、公開価格を低く設定して販売すれば、発行総額が減少し、それに伴って引受手数料収入も減少する。したがって、それだけを考えると低すぎる値付けは引受証券会社にとって得策でない。そのマイナス面を補ってあまりあるプラス面があるはずである。それは何か。

これに対してよくなされる説明は、一言でいうと、証券会社による「保守的な値決め」である。すなわち、小型案件の場合、成長軌道に乗っていない企業が多く、企業価値評価が難しいので、投資家の感じるリスクが大きい。そのため、投資家が敬遠して売れ残りが生じる可能性がある。あるいは、投資家の懸念を反映して初値が「冴えない」水準で決まり、公開価格で購入してくれた投資家に損失を被らせる可能性がある。そうした可能性を減らすために、主幹事はあえて公開価格を低めに設定しているというわけである。要するに、リスクを考慮した守りの姿勢である。

しかし、本当にそうだろうか。そういう主張をする人たちは、欧米諸国より平均で60%ポイント以上も高いリターンが発生している現実をどう説明するのだろうか。すでにみてきたように、リスク要因だけでこの格差を説明することは無理である。

次章では、主幹事はむしろ攻めの姿勢をとっていると考えて、解明を試みる。

第9章 日本型利益相反仮説

本章では、第2部で明らかにした価格形成の歪み——新興企業のＩＰＯを中心に、公開価格が人為的に低く抑えられ、結果として極端に高いリターンが実現している状況——がなぜ生じているのか、その謎を解くための仮説を提示する。そして、前章で要約した観察事実がこの仮説で統一的に説明されることを示す。

1　新たな解釈の試み

新解釈の概要

最初に新解釈の概要を述べておこう。主幹事を務める総合証券会社は、後述する動機のもとに、仮条件に関する業界の慣習と小規模企業に対する交渉力の強さを利用して、公開価格を「必要以上に」低く設定し、過小値付けされたＩＰＯ株を顧客の投資家に割り当てている。つまり、主幹事は保守的ではなく積極的かつ戦略的に低い値付けをしている。

ここで必要以上にというのは、第３章で説明した「必要な過小値付け」の範囲を超えてという意味である。すなわち、ＩＰＯ株には企業価値がよくわからないことに起因した固有のリスクがあるので、投資家に購入してもらうためにはある程度のディスカウント――投資家からすればリスクを受け入れることに対する報酬（プレミアム）――が必要である。それを超えてさらに低く値付けすることを指している。以下では、これによって発生するプレミアム部分を「余分なプレミアム」と呼ぶ。

このような解釈をしないかぎり、日本のＩＰＯにみられる不思議な現象（前章で指摘した観察事実①～⑧）はうまく説明できないというのが筆者の基本的考えである。

合法的で合理的な利益相反行為

もし実際にそうしたことがなされているとしたら、一方の顧客である発行企業（とりわけ小規模企業）の利益を犠牲にして他方の顧客である投資家（の一部）に利益を供与するという意味で、これは利益相反行為である。

ただし、あくまで行政当局や業界団体の定めたルールに従った行為であり、それ自体は何ら違法でない。それどころか、後述する動機を考えるときわめて合理的な行動である。

しかし、高い価格での発行を望む企業と低い価格での購入を望む投資家の両方を顧客として抱える証券会社が、自己の利益のために意図的に低い値付けをしているとしたら、取引の公正さという点で問題があるといわざるを得ない。その場合、是正すべきなのは、かかる行為を可能にしてきた制度設計や慣習である。この点をあらかじめ強調しておきたい。

なぜ企業は別の方法を選択しないのか

いま述べた解釈は、日本の企業は小規模のうちから上場を目指し、上場手段としては通常のＩＰＯ（株式発行を伴う上場）を選択し、値付け方法としてブックビルディングを選択するということを前提にしている。そうでなければこの解釈は成立しない。

では、①なぜ企業は成長して規模を大きくしてから上場しないのか。②なぜ企業は他の上場手段を選択しないのか。③なぜ企業は入札方式の採用を主張しないのか。特に③については、少なくとも建前は「いずれの方式をとるかについては、発行体と引受証券会社がそれぞれのニーズに応じて判断できるようにすることが望ましい」ことになっている（第1章3参照）。だからこそ、入札方式はいまでも制度上は残っている。

他の選択肢をもたない新興企業

このうち、①と②は第2章で説明済みだが、簡単に答えを述べておこう。日本では、新興企業が成長のためのリスクマネーを調達しようとしたら、ごく小規模のうちから上場を目指すしかない。

しかも、株式発行を伴わない直接上場は、新興企業にとって事実上無理である。もしこれが可能なら、ひとまず上場し、そのあとでタイミングをみはからって公募増資を実施すればよく、その方が過小値付けによる損失は少なくて済む。しかし、制度上、それはできないに等しい。仮に可能であったとしても、上場前から投資家間で知名度が高く、初日から活発な取引が期待されるような企業でないと、直接上場は向かない。

また、SPAC（との合併による上場）は、解決すべき問題を抱えていることもあり、いまのところ認められていない。仮に認められても、新興企業にとって魅力的な選択肢になるという保証はない。

要するに、日本の新興企業は、成長したければ小規模のうちから上場を選択するしかなく、その上場も通常のＩＰＯ以外に選択肢がないというのが実情である。

必然的に弱い対主幹事交渉力

他に選択肢をもたなければ、いかなる交渉も不利になることは、世の常である。ただでさえ、発行規模の小さなＩＰＯはコスト面で規模の経済が働かず、その割に引受手数料が稼げないので、証券会社にとっては魅力がない（第1章コラムＡ参照）。主幹事に対する交渉力が弱くなるのは、小規模企業にとって必然である。

そうした立場に置かれた企業が、主幹事からコスト的に不利な提案をされても受け入れざるを得ないということは、容易に想像できる。もちろん推測でしかないが、これが③の疑問に対する筆者の答えである。[1]

考えられる反論

いま述べた解釈に対しては、証券会社側から次のような反論が予想される。入札方式の代わりにブックビルディング方式を採用しているのは、公開価格を適正な水準で決定するためである。すなわち、価格発見能力の高い機関投資家や主幹事自身の意見をもとに値付けをした方が、個人投資家の投機的需要に左右されやすい入札方式より適正な価格で発行できるので、企業にとって望ましいというわけである。

はたしてそうだろうか。需要をまったく無視して設定された公開価格が適正な水準であると考える根拠は、一体どこにあるのだろうか。

低い公開価格を正当化する材料として、「株価は時間の経過とともに公開価格付近に落ち着くことが多い」ということがよくいわれる（「はじめに」参照）。それがどれくらいの時間的長さを指しているのか筆者にはわからないが、第5章の結果をみるかぎり、新興企業の場合、少なくとも6ヵ月といった長さではない。おそらく1年以上の長期を指しているのであろう。

もし、それほど長期の経験則を持ち込まないと公開価格の「適正さ」を説明できないのだとしたら、それは当事者が価格発見能力を放棄しているのに等しい。

IPOにかぎった話ではないが、需要を無視して価格を設定するからには、単なる経験則ではなく、相手が納得するような理屈を示す必要がある。

2　主幹事の動機

経費削減動機

では、主幹事はなぜ利益相反（と思われても仕方がない）行為をするのだろうか。考えられる動機は大別して2つある。

1つは、販売経費を削減しようという動機である。日本の場合、IPO株の販売先は、大口の機関投資家が中心の欧米と違って、小口の個人投資家が中心である。小口の配分は経費面で規模の経済が働かない。同じ10万株の配分でも、1人の投資家にまとめて配分するのと、100株ずつ千人の投資家に配分するのとでは、明らかに後者の方が経費はかかる。対面営業に力を入れている証券会社の場合、なおさらである。

そうした環境下では、余分なプレミアムの取得を目指して顧客の方から配分を希望してくる状況（超過需要状態）を意図的につくることで、売れ残りのリスクを回避できるだけでなく、小口の投資家にIPO株を販売する経費を大幅に削減できる。

ただし、この動機だけで低い値付けをしたのでは、リスクの軽減や経費の削減にはなっても、引受手数料収入の減少を直接カバーすることはできない。証券会社の収入増につながる別の動機が必要となる。

販売促進動機

もう1つは、余分なプレミアムがほぼ確実に約束されたＩＰＯ株を、投資家への販売促進ツールや実質的な損失補塡ツールにしようという動機である。

たとえば、それまで証券会社との取引がない個人投資家は、過小値付けされたＩＰＯ株の配分を受けるために、進んで口座を開設し、抽選に参加してくるであろう。

すでに証券会社との取引がある個人投資家は、有価証券の売買注文や、投資信託やラップ口座での運用注文を増やすことで、過小値付けされたＩＰＯ株の割当という返礼を期待するであろう。あるいは、過去に証券会社から割当を受けたことへの返礼として、個人投資家は売買注文や運用注文を増やすであろう。

こうして、過度に低く値付けされたＩＰＯ株の割当は、投資家からの手数料収入を将来にわたって増加させることになる。

有価証券の売買で生じた顧客の損失を補塡することは、法律や自主規制規則で禁じられている。しかし、過去の取引で損失を被った顧客にＩＰＯ株を優先的に割り当てるといった暗黙の損失補塡は、支店レベルの裁量でごく普通に行われているようである。それによって優良顧客との関係を維持できるのであれば、やはり手数料収入の増加につながる。

以上述べた2種類の動機は、主幹事を務める大手証券会社がホールセール・リテール一体型の日本型総合証券モデルを展開していることに起因している。両方の業務を兼営していなければ、こういうかたちの利益相反は起こらない。本書ではこれら2つの動機まで含めて日本型利益相反仮説と呼ぶことにする。(2)

◥チャイニーズウォールについて

ここで3点ほど仮説に関する補足をしておく。日本では、引受部門と営業部門の間で内部情報をやりとりすることは、業界の自主ルールで禁止されている。いわゆるチャイニーズウォール（情報の隔壁）である。そのため、IPOの値決めを担当する引受部門と販売を担当する営業部門とが結託することは、通常、あり得ない。しかし、たとえば小型案件は過度に低く値付けされるといった「暗黙の共通認識」があれば、部門間で内部情報のやりとりがなくても、利益相反行為は実質的に可能である。

◥主幹事以外の参加メンバーについて

本書では、値決めに対して大きな権限をもつ主幹事（複数の場合は筆頭主幹事）の行動に焦点を絞って仮説を展開している。しかし、主幹事による過小値付けは、引受シンジケート団に参加する他のメンバーにも、同じ動機を通して恩恵を与えている。つまり、主幹事が過小値付けしたＩＰＯ株を顧客に配分することで、経費削減や販売促進を図ることができる。

しかも、他のメンバーは、過度に低い値付けによって企業に損失を負わせることのツケを（少なくとも直接的には）払う必要がない[3]。その意味で、他のメンバーは主幹事の利益相反行為の恩恵を受けるフリーライダーとみなすことができる。主幹事もそのことを承知のうえで構成メンバーを決めている可能性がある。

仮説の適用対象について

最後に、この仮説が適用可能なのは、件数的に大半を占める小規模企業のＩＰＯについてである。価格交渉力が主幹事と対等もしくはそれ以上と考えられる大規模企業のＩＰＯは、基本的に適用対象外である。

主幹事として担当する企業が、将来にわたって多額の手数料収入をもたらしてくれるという意味で大口の優良顧客であれば、高めの値付けをすることで投資家の利益を犠牲にして企業に利益を供与するという「逆方向の利益相反」がなされる可能性もある[4]。ただし、本書の関心は新興企業のＩＰＯにあるので、その可能性は指摘するにとどめる。

3　仮説に基づく観察事実の説明

主幹事にとって所与の条件

日本のＩＰＯにみられる構造面と制度面の特徴は、少なくとも短期的には主幹事にとって所与である。その特徴とは、端的にいうと、①日本では小型ＩＰＯ（超小型を含む）が大半を占めていること、②本来なら値付けで重要な役割を果たすはずの機関投資家が小型ＩＰＯに関心を示さないこと、③代わって個人投資家がＩＰＯ株購入の主役を務めていること、④低い値付けを可能にする制度や慣習があること（第7章2参照）の4つである。

これらを所与の条件として利益相反仮説を展開することで、前章で要約した観察事実はすべて説明される。いずれも自明な話であるが、念のため述べておこう。

なぜ入札方式や欧米諸国と比べて顕著に高いのか

小口の個人投資家がＩＰＯ株購入の主役となっている状況下では、主幹事は、公開価格を必要以上に低く設定し、意図的に超過需要状態をつくりだすことで、配分にかかる経費を削減することができる。また、高いリターンがほぼ確実に約束されたＩＰＯ株を選別的に割り当てることで、個人投資家に注文増を促すことができる。

そうした行動を可能にしているのは、価格交渉力の劣る小規模企業が発行者の大半を占め、しかもそうした小型案件には機関投資家が関心を示さないという現実と、低い値付けを可能にする制度や慣習である。

まず、主幹事は、想定発行価格の算定・開示を通して機関投資家の意見を誘導し、仮条件を低めに設定することができる。次に、その仮条件のもとで実施されるブックビルディングで投資家の需要がどれほど強くても、仮条件の制約があることを理由に、公開価格をその上限で決めることができる。

こうして、超過需要を残したまま上場日を迎えるので、初値は本来の需給均衡水準に戻るかたちで大きく上昇し、結果的に高いリターンが実現する（観察事実⑧）[5]。

こう考えると、投資家の需要に基づいて公開価格が決定される入札方式や、投資家の需要を（部分的にせよ）公開価格に反映させる仕組みがある欧米のブックビルディング方式より、はるかに高いリターンが実現するのは自明である（観察事実①②）。

また、投資家の需要を反映せずに分母の公開価格が決定されるので、リターンの変動が激しくなるのも当然である（図表1・2、観察事実①②）。

なぜ小規模の新興企業において特に顕著なのか

一般に、成長軌道にまだ乗っていない新興企業はリスクが高いとみなされやすい。加えて小規模ゆえに価格交渉力が劣るので、想定発行価格の算定に際して、高いリスクを理由に理論株価を大幅にディスカウントされる。独創的な技術やアイデアを駆使して新事業を展開している企業は、ただでさえ企業価値評価が難しいので、なおさらである。

その結果、そうした企業が集中する東証マザーズで「公開価格が低すぎる」現象が顕著に観察される（観察事実③）。同市場に上場した企業が相対的に大きな機会損失を被っているという観察事実⑥も、その延長上で説明される。

逆に、価格交渉力の勝る大企業に対して、主幹事が低い値付けをすることは難しい。それどころか、高い値付けを要求される可能性もある。結果として、リターンに極端な規模間格差が生まれる（観察事実④）。小規模ＩＰＯの場合、必要以上に低い値付けがなされているので、同じ「小型ＩＰＯ」クラスに属するＩＰＯのリターンが日米で大きく異なるのも当然である（観察事実⑤）。

入札方式が一度も選択されていないという観察事実⑦は、小規模ゆえの交渉力の弱さに原因を求める以外、答えはなさそうである。もちろん、その背後には、ブックビルディング方式を選択させた方が有利という、利益相反行為を前提とした主幹事の判断がある。

【注】

（1）かつて、ある証券会社の引受業務経験者に「なぜ入札方式を採用しないのか」という質問をしたところ、「弊社には入札方式を経験した社員がもはや残っていない」という回答があった。最初から同方式の採用を考えていないことがうかがえる。

（2）ホールセール業務に特化した投資銀行が主幹事を務める欧米でよく指摘される利益相反と比べて、日本の場合は利益供与の相手が大きく異なる（第3章4参照）。日本でも機関投資家への利益供与の可能性があることは否定しないが、IPO株購入の主役が個人投資家であることを考えると、ひとまず脇に置いてよさそうである。この点は今後の課題としたい。

（3）ここでいうツケとは、低い値付けで損失を被った企業がその証券会社を将来の主幹事候補から外すといったことを考えればよい。

（4）この点は浪川（2020）が具体例をあげて鋭く指摘している（第4章）。

（5）その際、オーバーシュート（価格の行き過ぎ）が起こることが多い。第5章で述べたように、この現象が起こるのは、仮条件の上限で公開価格が決定されたことで「見せかけの人気」がつくりだされ、それによって上場初日に新たな買いが誘発されるためと考えることができる。もしこの解釈が正しければ、真の原因は低すぎる仮条件設定にある。

第10章

仮説の裏付けとなる状況証拠

本章では、日本型利益相反仮説の妥当性を間接的に検証する。まず、主幹事が必要以上に低い値付けをすることの主たる目的である販売促進動機に焦点を絞り、仮説から導かれる予測を3つほど述べる。そして、それらが現実と整合的であることを示す。暫定的な結論を述べたうえで、本書で指摘した利益相反行為がなぜこれまでほとんど問題視されなかったのか、理由を考察する。

1　検証に向けての基本的考え方

筆者の理解が正しければ、第8章で整理した観察事実①〜⑧は、日本型利益相反仮説でないとうまく説明できない。筆者は可能なかぎり他の解釈も試みたが、これ以上うまく説明できるものは、いまのところ思い浮かばない。そう考えると、あらためて仮説の妥当性を検証する必要はないのかもしれない。

しかし、思い込みを排して仮説の信憑性を高めるために、本章では簡単な検証を試みる。実施するのは状況証拠による間接的な検証である。本来なら、統計的手法を用いて仮説を直接的に検証したいところだが、データ化が困難な要因もあり、それは叶わない。

検証方法としては、まず、この仮説が正しければ主幹事がとると思われる行動をいくつか「予測」する。そして、それが現実のデータと一致していることを確かめる。

2　仮説から導かれる予測

販売促進動機に着目

仮説に含まれる2つの動機のうち、証券会社の収入増に結び付くという意味で、より重要なのは販売促進動機である。すなわち、余分なプレミアムがほぼ確実に約束されたＩＰＯ株を配分することで、手数料収入の増加につながる取引（有価証券の売買、投資信託やラップ口座での運用など）を投資家に働きかけることができる。以下では、これを取引誘引効果と呼び、この点に着目して主幹事がとると思われる行動を予測する。

過小値付けの程度と顧客獲得度

証券会社が投資家からの手数料収入を長期にわたって増やそうとしたら、まず顧客を獲得する必要がある。その際、余分なプレミアムが期待されるＩＰＯ株は、投資家に口座開設を促す有効なツールとなり得る。特に、証券会社との取引実績がなく、優先的な割当を期待できない投資家は、抽選での配分を狙って積極的に口座を開設するであろう。

したがって、他社より平均的に高いリターンのＩＰＯ株を配分している主幹事ほど、他の条件に変わりがなければ、顧客をより多く獲得していると考えられる。そこで、次のような予測が導かれる。

予測A：リターンの高いＩＰＯ株を配分している主幹事ほど、顧客の増え方は大きい。

◥引受株数の多さと過小値付けの程度

ただし、低い値付けは引受手数料収入の減少につながるので、いたずらに低く値付けすることは証券会社にとって得策でない。手数料収入の増加という観点からより重要なのは、ＩＰＯ株の配分を通して投資家からいかに多くの取引を誘い出せるかである。そのためには、できるだけ多くの利益を投資家に供与できなければならない。

いくら低い値付けをしても、配分できる株数が少なければ、供与できる利益はトータルでみて少ないので、投資家への取引誘引効果は期待できない。逆にいうと、配分可能な株式をたくさん抱えている主幹事は、それだけ多くの利益を投資家に供与できるので、無理に低い値付けはしない。つまり、ある程度のプレミアムさえ提供できれば、それ以上に低い値付けはしない。その方が、投資家への取引誘引効果を保ちながら、引受手数料収入の犠牲を減らすことができる。そこで、次のような予測が導かれる。

予測B：引受株数の多い主幹事ほど、無理に低い値付けをする必要はないので、ＩＰＯ株のリターンは「相対的に」低い。

もちろん、多くの引受株数を抱えていながら、同時に過度に低い値付けをするということはあり得るし、その方が取引誘引効果はダブルで期待できる。しかし、引受手数料の減少をカバーできるほどの強い効果が期待できなければ、それをする意味はない。

◤抽選配分比率に及ぼす影響

多くの引受株数を抱え、低い値付けによって多くの利益を個人投資家に供与できる立場にあったとしても、それをどのように配分するかで、将来の手数料収入に及ぼす効果は異なる。たとえば、1人1票が与えられる完全平等抽選ですべてのＩＰＯ株を配分したのでは、個人投資家の口座開設意欲は刺激できたとしても、それ以上の取引誘引効果は（少なくとも当面は）期待できない。

同じ額の利益を供与するのであれば、できるだけ取引誘引効果の期待できる配分方法を引受各社は選択する。具体的には、過去に大量の注文を出してくれた顧客や、いずれ大量の注文を出してくれそうな顧客を中心に、裁量（非抽選）で配分する。

引受各社が社内規則で定める「配分に係わる基本方針」をみても、抽選による配分は個人1人あたりの販売数量を1単元（現在では一律100株）としているのに対して、抽選によらない配分については個人1人あたりの平均販売数量を10単元程度としているところが多い。この方針は裁量配分の効果を相対的に強めるのに役立っている。

もっとも、多くの個人投資家を顧客として抱えていなければ、取引誘引効果の期待できる顧客を自由に選ぶことはできない。かといって、いくら多くの顧客を抱えていても、供与できる利益が大きくなければ、トータルの取引誘引効果は期待できない。そこで、次のような予測が導かれる。

予測C：多くの個人投資家を顧客として抱え、かつ彼らに供与できる利益が大きい証券会社ほど、抽選配分比率は低い（裁量配分比率は高い）(1)。

3　予測と一致した現実

◥検証のための資料作成（1）

予測Aが現実と一致しているかどうかを調べるには、主幹事として担当したＩＰＯの初期収益率を求める必要がある。その際、単に平均値を比較するだけでなく、割当を受けた投資家が安定的にプラスのリターンを得ているかどうかをみる必要がある。そこで、リターンがマイナスとなった割合も主幹事ごとに求めてみる。

同時に、顧客の増え方をみるため、口座数の伸び率を主幹事ごとに計算する。その際、個々の証券会社の口座数データは、各社の決算説明資料やウェブサイトから個別に収集するしかない。問題は、公表の基準がまちまちな点である。残高ありの顧客口座数を公表しているところもあれば、残高ゼロのものも含む証券総合口座数を公表しているところもある。そのため、口座数同士を単純に比較することはできない。伸び率を比較するのは、この問題を少しでも軽減するためである。

また、他社を吸収合併した関係で、期間中に口座数が不連続に増加している証券会社がある。その影響を避けるため、合併の前と後に期間を分けて比較する。そのため、1つの期間はどうしても短くならざるを得ない。以上の制約があることをあらかじめ断っておく。

検証のための資料作成（2）

次に、予測Bが現実と一致しているかどうかを調べるために、主幹事として担当したIPOの引受株数を求める必要がある。オーバーアロットメント（OA）を実施した場合の追加売出しは主幹事（複数の場合は筆頭主幹事）が引き受けることになっているので、設定枠がすべて実施されたことを想定して、そのぶんを引受株数に含める。

また、過小値付けの程度と引受株数の多寡で大きさが決まる投資家への利益供与額も、次の検証に向けて必要となるので、主幹事ごとに平均値を求める。具体的には、主幹事の引受株数に初約定日終値と公開価格の差を掛けた金額を「投資家の利益享受額」と呼び、採用する。この場合、投資家が実際にその利益を手にしたかどうかは、彼らの自由な選択の結果なので、問題ではない。重要なのは、その利益を享受する機会に恵まれたという事実である。

さらに、その利益のうち、どれだけが個人投資家に配分されたかをみるため、個人投資家配分比率を主幹事ごとに求める。ただし、これを計算するのに必要となる「個人投資家への配分総単元数」データが利用可能となるのは、抽選制度が導入された2006年8月以降である。対象期間がそれまでと異なるので、その点は注意が必要である。

検証のための資料作成（3）

最後に、予測Cを確かめるため、主幹事として担当したIPOの「個人投資家向け抽選配分比率」を求める必要がある。ただし、この比率は主幹事の意思を反映したものでないと意味がない。

第1章のコラムB（図表1・4）で解説したように、予定数量ベースで10％以上が義務づけられているこの比率が、実績値ベースで10％を切ることはよくある。問題はその理由であるが、日本証券業協会のウェブサイトで公表されている理由をみると、①抽選申込件数の不足、②当選者からのキャンセル、③売出し株数の変更（ＯＡを除く）、④ＯＡの実施の４つに分類される（10％ルールが適用されない特例と理由不明は除く）。割合が一番多いのは④であり、次に①と②が続く。

このうち、①は大型案件でよくみられるケースで、②とともに、いわば投資家側の事情である。また、③は企業側の事情である。つまり、いずれも主幹事の判断によるものではない。そのため、こうした理由で同比率が10％を切ったケースをサンプルに含めてしまうのは、予測Cの性質からして望ましくない。これに対して、④のＯＡを実施するか否かは、実施した場合の追加売出しをどのように配分するかとともに、主幹事の判断に委ねられている。したがって、ＯＡを実施したために同比率が変化したのだとしたら、そこには主幹事の意思が働いていると考えられる。

ただし、ＯＡを実施すれば必ず抽選配分比率が低下するというわけではない。追加売出しによって増えた個人投資家への配分株数のうち、裁量（非抽選）で配分する割合がそれまで以上に増えないと、この比率は低下しない。このことからわかるように、「ＯＡを実施したため比率が10％を切った」と理由を説明している証券会社は、ＯＡを利用して裁量配分を増やしたことを間接的に述べているのと同じである。この点は重要な意味をもつ。

そこで、①～③（④との複合を含む）により10％を切ったケースは、特例・理由不明とともに、サンプルから除外する。[2] そのうえで、規則に基づく抽選配分のみを分子にもってきた「狭義の抽選比率」と、任意で実施されるその他の抽選配分（部店レベルでの抽選）も分子に加えた「広義の抽選比率」の2種類を求める。1からこの比率を引いた値が主幹事の裁量配分比率となる。

個別証券会社名を公表することについて

こうして作成された資料を一括して掲載したのが図表10・1である。対象となる期間や証券会社については同表の脚注を参照されたい。

予測の現実妥当性を調べる前に、あらかじめ次の点を断っておきたい。この資料は特定の証券会社を批判するために作成したのではない。そもそも、彼らの行動は現行のルールに基づいており、何ら違法ではない。ましてや、どの証券会社を利用したらよいかを個人投資家にアドバイスするために作成したわけでもない。

誤解や誤用を招かないよう社名を伏せて載せることも検討したが、それでは検証資料として説得力をもたない。筆者の責任で、あえて社名入りで掲載することにしたが、読者にはその意図を理解してもらいたい。

予測Aの現実妥当性

結果から先にいうと、リターンの高いＩＰＯ株を配分している主幹事ほど顧客の増え方は大きいという予測Ａは、現実のデータとみごとに一致している。

図表10・1からわかるように、２００１年からの20年間に実施された全ＩＰＯでみると、10社の中で平均初期収益率が一番高いのはＳＢＩ証券（１２９％）で、２位がＳＭＢＣ日興証券（１１０％）、３位がみずほ証券（96％）である。ＳＢＩ証券は初期収益率がマイナスとなる割合も一番低い。つまり、それだけ安定的に高いリターンを投資家に提供している。

逆に、主幹事件数がトップの野村證券の平均初期収益率（59％）は、全体の平均（79％）を大きく下回っている。もっとも、それさえも欧米と比較すれば非常に高い。

表には載せていないが、発行総額が10億円未満の超小型ＩＰＯ（計８２０件）に対象を限定すると、この傾向はもっと顕著になる。平均初期収益率の１位と２位は入れ替わるが（ＳＭＢＣ日興証券（48件）１８２％、ＳＢＩ証券（49件）１７２％、みずほ証券（49件）１６２％）、上位２社については、初期収益率がマイナスとなったケースはそれぞれ１件しかない。超小型株を配分された顧客がいかに安定的に高いリターンを得ているかがわかる。

図表10・２は、主幹事別にみた口座数の伸び率を、かぎられたデータをもとに比較したものである。口座数の定義が２つの証券会社群で異なるが、伸び率を比較するだけなので大きな問

引受株数（千株）	投資家の利益享受額（百万円）	個人投資家配分比率	個人投資家向け抽選配分比率	
			狭義の抽選比率	広義の抽選比率
3,752	1,062	69.6%	10.1%	10.1%
1,811	989	68.9%	15.1%	20.4%
2,823	1,076	–	–	–
331	629	–	–	–
1,581	934	68.3%	10.9%	10.9%
1,534	1,112	68.9%	11.6%	12.8%
748	887	72.3%	48.1%	48.1%
1,245	658	65.6%	10.6%	39.6%
625	378	–	–	–
379	325	65.6%	24.1%	51.6%
1,885	880	69.7%	16.2%	23.5%

注3：引受株数は当該主幹事の国内引受株数（オーバーアロットメント分を含む）の1件あたり平均値。

4：投資家の利益享受額は、当該主幹事の国内引受株数（オーバーアロットメント分を含む）が投資家にすべて配分されたものとみなして、それに｛初約定日の終値－公開価格｝を掛けた金額の1件あたり平均値。投資家が実際にその利益を手にしたかどうかは、彼らの自由な選択の結果なので不問。

5：個人投資家配分比率は、当該主幹事の国内引受株数（オーバーアロットメント分を含む）に占める個人投資家への配分総単元数（×単元株数）の比率。

6：個人投資家向け抽選配分比率は実績値で計算。同比率が投資家の事情や発行企業の事情で10%を切ったケース（図表1・4の①～③）はサンプルから除外。規則に基づく抽選配分だけに着目したのが狭義の比率で、任意で実施されるその他の抽選配分（部店レベルでの抽選）を加えたのが広義の比率。

出所：個人投資家への配分総単元数と抽選配分単元数は図表1・4の出所と同じ、他は筆者構築データベース（巻頭参照）。

	主幹事件数	初期収益率（終値）	
		平均値	負の割合
野村證券	494	58.8%	21.3%
大和証券	352	76.5%	19.0%
日興證券（当時）	142	68.7%	19.7%
新光証券（当時）	126	87.2%	14.3%
みずほ証券	117	**96.4%**	17.1%
SMBC日興証券	116	**110.1%**	19.8%
SBI証券	80	**129.3%**	**7.5%**
三菱UFJモルガン・スタンレー証券	61	74.9%	19.7%
みずほインベスターズ証券（当時）	61	80.7%	23.0%
東海東京証券	39	40.1%	15.4%
その他を含む全体	1,893	78.8%	18.1%

注1：2001年1月から2020年12月までに国内で実施されたすべてのIPOを対象に、主幹事（複数の場合は筆頭主幹事）を務めた件数を証券会社ごとに集計し、現存しない証券会社も含めて上位10社を掲載。ただし、右側3項目は個人投資家への配分総単元数と抽選配分単元数のデータが利用可能となった2006年8月以降のIPOに対象を限定。そのため、現存しない証券会社は観測数が著しく減少するのでサンプルから除外。

2：大和証券は大和証券エスエムビーシー時代と大和証券キャピタル・マーケッツ時代を含む。日興證券（当時）は日興ソロモン・スミス・バーニー証券、日興コーディアル証券、日興シティグループ証券の総称。みずほ証券は新光証券と（旧）みずほ証券が合併した2009年5月以降を指す（2013年1月にみずほインベスターズ証券を吸収合併）。SMBC日興証券は三井住友FGの一員となった2009年10月以降を指す（2018年1月にSMBCフレンド証券を吸収合併）。SBI証券はSBIイー・トレード証券時代を含む。三菱UFJモルガン・スタンレー証券は三菱UFJ証券時代を含む。

図表10・1　仮説の裏付けとなる状況証拠

		2013年3月末〜2021年3月末の伸び率		
			うち期間Ⅰ	うち期間Ⅱ
野村證券	残高あり顧客口座数	6.0%	7.1%	0.2%
大和証券	残高あり顧客口座数	9.7%	7.6%	1.5%
みずほ証券	証券総合口座数	18.4%	9.4%	5.6%
SMBC日興証券Ⅰ	証券総合口座数	−	20.0%	−
SMBC日興証券Ⅱ	証券総合口座数	−	−	8.7%
SBI証券	証券総合口座数	131.4%	47.2%	41.7%

注：口座数情報を決算説明資料に記載している野村證券・大和証券・みずほ証券・SMBC日興証券と、ウェブサイトで公表しているSBI証券について、3月末時点の口座数の伸び率を計算。ただし、みずほ証券が2013年1月にみずほインベスターズ証券を吸収合併し、SMBC日興証券が2018年1月にSMBCフレンド証券を吸収合併したことを踏まえ、その影響を避けるため、2013年3月末から2021年3月末までを全期間として、それをさらに2017年3月末までの期間Ⅰと2018年3月末以降の期間Ⅱに分割。野村證券と大和証券については期間中一貫してデータのとれる「残高あり顧客口座数」を使用。他の3社については同データが非公表のため証券総合口座数を使用。

出所：各社の決算説明資料またはウェブサイト。

図表10・2　主幹事別にみた口座数の伸び率

題とは思えない。

これをみるとわかるように、対象となる8年間で口座数の伸び率が群を抜いて高いのがＳＢＩ証券で、2位がＳＭＢＣ日興証券、3位がみずほ証券である。つまり、全ＩＰＯでみたときの平均初期収益率の順位と一致している。ちなみに、ＳＢＩ証券は2021年3月末現在の口座数が600万を超え、業界1位となっている。

他の要因をコントロールしていないので厳密な検証ではないが、予測Aと現実のデータが一致していることは確かである。ＩＰＯのリターンの高さが新規の顧客を呼び込んでいることはほぼ間違いない。

予測Bの現実妥当性

図表10・1で主幹事別の平均引受株数と平均初期収益率を対応させてみると、引受株数が群を抜いて多いのが野村證券と日興證券（当時）であり、2社とも平均初期収益率が全体平均よりかなり低いことがわかる。つまり、この2社に関するかぎり、「引受株数の多い主幹事ほど、無理に低い値付けをする必要はないので、IPO株のリターンは「相対的に」低い」という予測Bは、現実と一致している。

2社の次に引受株数が多いのは、大和証券、みずほ証券、SMBC日興証券、三菱UFJモルガン・スタンレー証券の4社である。このうち、大和証券と三菱UFJモルガン・スタンレー証券の平均初期収益率は、トップのSBI証券を50%以上も下回っているが、逆に、引受株数は同社のそれを大きく上回っている。つまり、引受株数上位6社のうち、これら4社については、予測どおりの結果となっている。

残りの2社（みずほ証券、SMBC日興証券）は、多くの引受株数を抱えているのと同時に、他の大手と比べてかなり低い値付けをしている。予測Bに従えば、引受手数料の減少を補ってあまりあるほどの取引誘引効果が期待できると踏んでいることになる。

予測Cの現実妥当性

予測Cの検討に入る前に、過小値付けの程度と引受株数の多寡で大きさが決まる投資家の利益享受額をみておこう。ただし、ここから先は、入手可能時期が2006年8月以降にかぎられているデータと比較をする関係で、現存する証券会社に対象を限定する。また、すでに断ったように、利益享受額といっても実際に投資家がそれを手にしたかどうかは問題でない。重要なのは、上場日にその利益を享受する機会に恵まれたという事実である。

興味深いことに、野村證券、大和証券、みずほ証券、SMBC日興証券の4社は、過小値付けの程度や引受株数がそれぞれ異なるにもかかわらず、投資家全体の利益享受額はいずれも1件あたり10億円前後であり、かなり大きい。

しかも、これら4社が主幹事を務めたときの個人投資家配分比率はいずれも約69%である。したがって、IPO株の配分を通して個人投資家に供与している利益の大きさは、4社間ではほとんど差がない。

また、よく知られているように、これら4社は（三菱UFJモルガン・スタンレー証券とともに）全国レベルで店舗網を展開し、対面営業を中心に多くの個人投資家を顧客として抱えている。

それゆえ、もし仮説が正しければ、投資家の利益享受額が大きいこれら4社は、取引誘引効果を高めるため、過小値付けされたIPO株をより裁量的に配分しようと考える。逆に、誰に配分されるかわからない抽選配分の比率は、他社より低いはずである。

図表10・1の右端2列の数字は、その予測が裏付けられていることを示している。「規則に基づく抽選配分」だけに着目した狭義の抽選配分比率は、大和証券は別として、いずれも10％にかなり近い。ここで10％というのは、予定数量ベースで守ることが要求されている最小比率であるが、同ルールの精神が尊重されているかぎり、実績値ベースの平均がそれを大きく下回ることはないと考えられる（図表1・4のケース①～③は除外していることに注意）。つまり、平均値でみた事実上の下限といってよい。

規則に縛られない「その他の抽選配分」（部店レベルでの抽選）を分子に加えた広義の抽選配分比率でみると、証券会社間の差はより顕著になるが、野村證券、みずほ証券、SMBC日興証券の3社は依然として10％に近い。

これより、例外的な証券会社はあるものの、予測Cは現実のデータとほぼ一致しているといってよさそうである。

4　暫定的結論

以上、第9章で提示した日本型利益相反仮説と整合的な実証結果が得られた。状況証拠による検証に過ぎないが、少なくとも仮説と矛盾するものでないことは確かである。

ここで、筆者が行った別の角度からの検証を紹介しておこう。詳しい説明は省略するが、金子（2019）は、主幹事の裁量配分比率を利益相反誘因の客観的指標とみなし、それが高いIPOほど初期収益率が高くなることを、考えられる他の要因をコントロールし、頑健性もテストしたうえで、明らかにしている。企業の価格交渉力や利益相反誘因のとらえ方などに改善の余地はあるものの、この結果は仮説の妥当性をある程度支持している。

もちろん、以上の証拠だけで仮説が支持されたと断言することはできない。かといって、妥当性を積極的に否定する証拠もいまのところみあたらない。以下では、ひとまずこの仮説が正しいものとして話を進める。

5　利益相反行為が認識されにくい理由

なぜ問題視されないのか

仮説が正しいとしたら、主幹事を務める総合証券会社は、小規模企業の利益を犠牲にして一部の投資家に利益を供与することで、自らの利益を高めている。たびたび強調しているように、そうした行為自体は合法的で合理的である。しかし、小規模企業に対する「優越的地位の濫用」の可能性をはじめとして、公正さという観点からは、問題ありといわざるを得ない。

では、なぜいままでこれが問題視されなかったのか。第3章で指摘したように、米国では、かなり以前からＩＰＯをめぐる投資銀行の利益相反的行為が問題視され、それを規制するための規則改正もなされている(3)。ところが、過小値付けの程度が米国とは比較にならないほど大きい日本で、そうした動きはほとんどみられない。なぜだろうか。

そこには、この行為が認識されにくい、ある意味、日本特有ともいえる事情がある。

理由①　正当なリターンかどうかの線引きが難しい

第1に、日本では、成長の初期段階にある小規模企業のＩＰＯが大半を占めており、一般にそれらは投資リスクが高いので、あるいはリスク判断が難しいので、高いリターンが正当化されやすい。つまり、リスクのせいにされがちである。

いいかえるなら、低い値付けによって大きなプレミアムが生じたとしても、どこまでがリスクに見合った正当なプレミアムで、どこからが余分なプレミアムなのか、客観的な物差しがないので線引きが難しい。そのため、異常に高いリターンが実現しても、おかしいと異議を唱えることが難しい。

理由② 利益供与先を特定化しにくい個人投資家

第2に、同じIPO株を利用した利益相反行為でも、欧米と日本では利益供与先の性格が大きく異なる。欧米の場合、利益供与の相手は、先行研究にもあるように（第3章4）、投資銀行にとってのもう一方の顧客——具体的には機関投資家や取引先企業の役員——である。その場合、少数の相手に多額の利益が供与されるので、供与先を特定化しやすい。

これに対して日本は、注文実績がいくら以上というように、一定の条件を満たした個人投資家であれば供与の対象となり得るので、相手は比較的多数である。しかも、個々の金額は欧米型と比べればわずかなので、供与先を特定化しにくい。そのため、こうした行為に規制をかけることが難しい。

さらに、得をした人がプレーヤーの大半を占め、損をした人（発行企業、既存株主）の占める割合がわずかなので、不満の声がオモテに出にくい。

理由③　機会損失に対する企業経営者の意識が希薄？

第3に、過小値付けによる損失はキャッシュの流出を伴わない機会損失なので、流出を伴う損失と比べて企業経営者の意識が希薄となりがちである。では、どの国の企業経営者もそうなのだろうか。残念ながら、日本は特にその意識が薄いように思われる。

たとえば、上場を遂げた企業経営者のインタビュー記事を読むと、初値が公開価格を大きく上回ったことに対して、「市場から高い評価を受けた」と歓迎する発言をよくみかける。「はじめに」でも触れたように、公開価格の低さにハッキリと不満を表明する経営者が登場してきたのは、比較的最近のように思われる。

すでに述べたように、米国では、わずか10％台の過小値付けでも、その損失を回避するための手段（例：直接上場、SPACとの合併）が真剣に検討されている。

英国では、郵便事業会社のロイヤル・メールが民営化した際に、初日の終値が公開価格を約38％上回り、そのことが政府の収入を最大で1・8億ポンド犠牲にし、結果的に納税者の負担を増やしたということがある報告書によって指摘され、社会的に大きな問題となった(4)。日本でそういう話はほとんど聞いたことがない(5)。

こうした事例だけで判断するのは危険であるが、過小値付けが損失として認識されにくいのは、先進諸国の中で、もしかしたら日本だけかもしれない。

理由④ 黙認せざるを得ない事情

最後に、批判を覚悟のうえでまったくの私見を述べる。日本のＩＰＯに利益相反問題があることはわかっていても、社会がそれを黙認してきた面があるのではないだろうか。というのも、第3章で述べたように、これを問題視しだすと、話はＩＰＯにとどまらず、日本型総合証券モデルの是非にまで発展しかねないからである。

大手総合証券会社は、一方で企業の発行する株式を積極的に引き受け、他方でその株式を顧客の個人投資家に優先的に販売するという、ホールセール・リテール一体型の日本型総合証券モデルを展開してきた。日本型利益相反は、その制度のもとで合法的に営まれてきた、いわば黙認された行為である。

筆者はここで日本型総合証券モデルの是非を論じるつもりはない。なぜなら、いまの制度を前提にして、弊害を解消する方策はまだ残されているからである。

【注】

（1）ここでいう利益は、過小値付けの程度と引受株数の多寡で大きさが決まる。

（2）除外したケースの内訳は、①が78件（うち④との複合が34件、②との複合が1件）、②が22件（うち①との複合が1件）、③が3件（うち④との複合が2件）、特例が6件、理由不明が4件（うち分類不能が3件）、配分情報不記載（主幹事ディー・ブレイン証券）が6件である。その結果、サンプルに残ったのは計927件である。

（3）たとえば野村（2005）参照。もっとも、米国で問題視されている行為は、IPOの値付け面ではなく配分面である。米国の場合、値付け面では深刻な問題が起きていないことを示唆している。

（4）*The Times*, "Taxpayer 'lost out by £180m' in Royal Mail sale," December 18, 2014

（5）参考までに、日本でブックビルディング方式導入後に民営化した5社の平均初期収益率（終値ベース）を求めてみると、約26％である。同じ期間の全体平均（約72％）よりはるかに低いが、知名度の高さや投資リスクの低さを考えると高いといわざるを得ない。

第4部

IPO改革——歪みの解消に向けて

Initial Public Offerings

第4部は、以上の分析結果を踏まえ、価格形成の歪みを解消するにはどうしたらよいかを考察し、筆者なりの結論を述べるパートである。

最初に、現在の制度を大枠として維持しながら主幹事の利益相反行為を抑制するには何をすべきか、という観点から是正策を提案する。あわせて、上場時の損失を減らすために上場検討企業は何をすべきかを述べる。最後に、値付けの歪みを是正することは、新興企業のみならず投資家も健全に育っていくうえで不可欠であることを、理由とともに強調する。

第11章

何をどう是正すべきか

本章では、日本型利益相反仮説が正しいことを前提に、議論の叩き台となる是正案を提示する。最初に、ＩＰＯを利用した利益相反行為を引き起こしている要因を整理する。そして、現在の制度を大枠として維持しながら同行為を抑制するには何をすべきか、という観点から是正案を述べる。さらに、入札方式を意味のある選択肢として復活させることを提案する。最後に、上場を検討している企業は機会損失を減らすために何をすべきかを考察する。

1　利益相反行為を引き起こしている6つの要因

是正案を述べる前に、ＩＰＯを利用した利益相反行為を引き起こしている要因を、背景にある制度的・構造的要因と仮説から導かれた含意を中心に、整理する。いずれもすでに登場した話であるが、是正案を導くうえで重要なので、この機会にまとめておく。

◤要因①　小規模のうちから上場せざるを得ない新興企業

日本では、ＶＣに代表される私募の調達手段が十分に発達していないため、新興企業が成長のためのリスクマネーを調達しようとしたら、ごく小規模のうちから上場するしかない。しかも、新興企業向け市場では直接上場が認められていないので、証券会社の引受を伴う「通常のＩＰＯ」以外に、上場の選択肢はほとんどない。そのため、国内で実施されるＩＰＯの大半は発行総額50億円未満の小型ＩＰＯ（10億円未満の超小型を含む）である。

また、成長の比較的初期の段階にある新興企業は、一般に企業価値評価が難しく、リスクが大きい。そのうえ投資規模が小さく、株式の流動性が低い。そのため、本来なら値付けに影響力をもつはずの機関投資家が、小型ＩＰＯに関心を示さない。

こうして、一方では「発行規模の小ささ」と「上場選択肢のなさ」が新興企業の対主幹事交渉力を弱め、他方では「機関投資家の関心のなさ」が主幹事による実質的な仮条件誘導を可能にしている。いずれも、小規模のうちから上場せざるを得ない事情が背後にある。

◥ 要因② 欧米にはない日本型総合証券モデル

日本の総合証券会社は、一方で企業の発行する株式を積極的に引き受け、他方でその株式を顧客の個人投資家に優先的に販売するという、ホールセール・リテール一体型の日本型総合証券モデルを展開している。個人投資家を主たる顧客とするリテール業務を同時に営んでいる点が、欧米の投資銀行と大きく異なる。

そのため、高い価格での発行を望む企業と、低い価格での購入を望む個人投資家の間で、利益相反となるような値付けを行う誘因を、総合証券会社は潜在的に有している。とりわけＩＰＯの場合、値付けと配分の両面で裁量の余地の大きいブックビルディング方式に移行してから、その誘因が発現しやすくなっている。

特に小型ＩＰＯに対して、公開価格を必要以上に低く設定し、ほぼ確実に高いリターンが約束された株式を個人投資家に裁量的に割り当てることが、現行方式下では可能となっている（背景には要因①、④、⑤）。

◥要因③　必然的に生じる投資家層のズレ

要因②の結果でもあるが、日本では、主幹事が仮条件の決定に際して意見を聞く投資家層（一部の機関投資家）と、仮条件決定後に実施される需要申告（抽選申込を含む）に参加する投資家層（大半が個人投資家）の間に、大きなズレがある。一般に、機関投資家は適正水準を意識した行動をとるのに対して、個人投資家は必ずしもそういう行動はとらない。そのため、両者の需要（いくらで買いたいか）はしばしば大きく乖離する。

その場合、どちらの声を重視して公開価格を決定するかが問題となる。これは、投資銀行が主幹事を務める欧米のブックビルディング方式をそのまま日本に導入しようとしたら、必ず直面する問題である。欧米の場合、意見を聞く投資家と需要申告に参加する投資家は基本的に同じ層なので、大きな問題とならない。

この問題に対して、「価格発見能力が高い」機関投資家の意見を重視すべきと考えるなら、公開価格は仮条件の範囲で決定されることになる。のちほど要因⑤で紹介する「仮条件に縛られる慣習」の背景には、明らかにそうした考え（大義名分）がある。

◥要因④　機関投資家の意見が反映されにくい仮条件

日本では、届出前の需要調査（プレ・ヒアリング）は、禁止されているわけではないが、業界規則の関係で行われていない。そのため、投資家の需要を考慮しないまま主幹事が想定発行価格（または想定仮条件）を算定し、それが届出書に記載される。そのあとで、機関投資家を対象にしたロードショーと需要調査が実施される。そこでの結果を踏まえ、仮条件が決定される（図表7・1）。つまり、かたちのうえでは機関投資家の意見を反映させることになっている。しかし、彼らの意見は目論見書に記載された価格の影響を強く受けている（図表7・2）。機関投資家が関心を示さない小型IPOの場合はなおさらで、仮条件は実質的に主幹事が決めているといってよい。

これに対して、欧州（ならびに2019年のJOBS法改正以降の米国）では、最初に機関投資家を対象とした需要調査が実施され、そこで把握した情報を踏まえて仮条件が決定される。あるいは、ブックビルディングでの機関投資家の需要次第では、仮条件が上方や下方に修正される。いずれにしても、機関投資家の意見が仮条件に反映されやすい仕組みとなっている。

◥ 要因⑤　仮条件の制約に縛られる業界の慣習

日本では、ブックビルディングで投資家の需要がいくら強くても、最初に設定した仮条件の上限を超えて公開価格を決定することは、業界の慣習としてない。正確にいうと、仮条件の上方修正を伴って決定されたことは過去に数件あるが、上方修正を伴わずに上限を超えて公開価格が決定されたことは一度もない。そのため、過去20年間でみると、約90％（直近5年では約95％）のＩＰＯが、仮条件の上限で公開価格が決定されている。これが異常に高い初期収益率を生み出している（図表7・3）。まさに「歪み」の直接的原因である。

これに対して、米国では、一定の範囲内（上下限のプラスマイナス20％）であれば、仮条件の修正を伴わずに、当初の上限・下限を超えて公開価格を決定することができる。あるいは、仮条件を修正すれば、それをさらに超えた水準で決定することもできる。そのため、異常に高い初期収益率が実現することはほとんどない（図表7・3）。

要因⑥　未公開株式への投資機会がきわめて限定的

日本には、個人投資家が未公開株式に投資する場がほとんどない。数少ない例外として、創業期の企業を対象とした株式投資型クラウドファンディングが利用可能であるが、リスクの高い投資であるため、投資家保護の観点から一個人が投資できる金額は1社につき年間50万円にかぎられている。企業が調達できる金額も年間1億円未満にかぎられている。

また、証券会社が未公開株式を投資家に勧誘することは（適格機関投資家を除いて）禁止されており、発行済み未公開株式を売買するセカンダリー取引の場が発達していない。

こうしたことから、未公開株式に対する個人投資家の需要を「途中で」吸収する仕組みがなく、その需要がＩＰＯ株に一気に集中する。一方、大半を占める小型ＩＰＯは供給がかぎられている。そのため、公開価格が低く抑えられると多大な超過需要が発生し、初日に高いリターンが生まれる。このことがＩＰＯ株の魅力をさらに高め、配分のもたらす取引誘引効果を強めている。

2　議論の叩き台としての是正案

リスクマネー調達のパイプを太くすることが大前提

いま述べた6つの要因のうち、もっとも重要なのは何かと問われたら、要因①と答える。なぜなら、小規模のうちから上場せざるを得ない事情が日本の利益相反問題の根底にあるからである。成長して規模を大きくしてから上場することが可能で、しかもそれが定着しているなら、たとえ他の要因が残っていても、小規模であるがゆえの不利は生じにくく、したがって利益相反行為は起こりにくくなる。

その意味で、新興企業が十分成長してから上場できるよう、リスクマネー調達のパイプを太くすることは何より大切である。筆者が強調するまでもなく、そのことの重要性はすでにいろいろなところで指摘され、具体策も提示されている。しかし、実現にはかなりの時間を要する。それを待っていたのでは、その間、値付けに関する悪しき慣行は放置されたままとなる。パイプを太くする政策を推進するとともに、悪しき慣行をなくす方策を実施していかなければ、日本はいつまで経っても「IPO後進国」のままである。

現行制度を大枠として維持することを想定

では、値付けに関する悪しき慣行をなくすには何をすべきか。すでに断ったように、本書では、日本型総合証券モデルの是非を論じたり、グローバル・スタンダード化したブックビルディング方式の廃止をいまさら唱えたりはしない。

それよりも、現在の枠組みを基本的に維持しながら、IPOをめぐる利益相反の可能性を減じるにはどうしたらよいかを考える。

以下で示すのはあくまで本書執筆時点（2021年9月現在）での試案である。今後、各方面から批判や指摘を受け、よりよい提言にしていきたい(1)。

最大の狙いはいかに投資家の需要を反映させるか

あらかじめ、是正案の最大の狙いを述べておこう。それは、投資家の需要を公開価格に少しでも反映させる仕組みを構築し、値付けにおける裁量の余地を減らすことにある。すでに述べたように、日本のブックビルディング方式では、公開価格の決定に至る過程で、投資家の需要を反映させる機会が形式上は用意されている。しかし、日本独自ともいえる制度的・構造的背景（前節の要因①～③）と規則・慣習の制約（前節の要因④・⑤）のゆえに、その機会が活かされてこなかった。否、活かそうとしなかったというのが正確かもしれない。以下では、ブックビルディング方式の核ともいうべき仮条件の役割を残しながら、いかに需要を反映させる仕組みにするかを考える。

配分方法を規制することの是非について

これから述べる提案は、すべて値付けの歪みを解消することを念頭に置いたものである。理想論かもしれないが、筆者は、値付けさえ適切になされれば、配分の仕方は基本的に証券会社に任せてよく、必要以上に縛り付けるべきではないと考える(2)。

ここでいう適切な値付けとは、第3章2で述べたように、ＩＰＯ株に固有のリスクに見合った「正当な過小値付け」という意味である。もちろん、それを実現することは容易でないが、公開前の需要を反映させる仕組みを構築し、かつ、長期的スパンで競争原理を働かせることができれば、その状態に近づくことは可能と考える。

◤提案❶　仮条件の決定プロセスを見直す

仮条件は、本来、妥当な株価水準に関する目安として重要な意味をもっている。しかし、日本の場合、主幹事が想定発行価格の算定・開示を通して機関投資家の意見を誘導し、仮条件を実質的に決定している可能性が高い。主幹事に価格発見能力があることは否定しないが、利益相反誘因の発現を防ぐためには、その可能性を極力減らし、同じく価格発見能力の高い機関投資家の意見が仮条件に反映されるよう、仕組みを変える必要がある。そこで以下の提案を行う。ただし、機関投資家が関心を示すような案件であることを前提とする（関心を示さない小型案件については提案③で対応）。

主幹事が理論株価を割り引くかたちで想定発行価格を算定し、初回の届出書（目論見書）に記載するという慣行を廃止する。代わりに、欧州や2019年JOBS法改正後の米国のように、機関投資家を対象とした届出前の需要調査（プレ・ヒアリング）を明文化されたかたちで認める。

現在でも、「届出1ヵ月以上前の情報開示」としてのインフォメーション・ミーティング（IM）は可能であるが、あくまで情報開示であって需要調査ではない。しかも、実施されるのはもっぱら発行総額100億円以上の大型案件であり、開示先は海外の機関投資家が中心である。この対象を拡大し、プレ・ヒアリングとセットで実施できるようにする。

こうして、プレ・ヒアリングを最初に実施し、主幹事が機関投資家の需要情報を把握してから仮条件を算定し、開示する。欧米と同様、そのあとでロードショーを開催し、引き続きブックビルディング（抽選申込を含む）に入る。個人投資家向けに、インターネットを利用したロードショーも開催する。なかば儀式化しているロードショー後の需要調査は廃止する。

提案❷　仮条件と公開価格の関係を見直す

仮条件は妥当な価格水準に関する目安に過ぎないことを周知徹底したうえで、ブックビルディングに入る。投資家は仮条件の価格帯を超えた水準でも購入希望価格を提示することができる。ただし、慎重な需要申告行動を促すため、注文はキャンセルができないものとする[3]。また、成り行き注文は認めず、指値注文のみとする。

需要申告の集計結果を踏まえ、主幹事は仮条件の制約に縛られることなく自らの判断で公開価格を決定する。ただし、決定の正当性を大筋で示すため、主幹事は価格帯ごとの集計需要量を公表する。ひとたび公開価格が決定されたら、需要申告時にその値以上の購入希望価格を提示した投資家に、購入希望株数に応じてＩＰＯ株を配分する。残りが生じた場合にかぎり、需要申告に参加しなかった投資家への裁量配分を認める。

この仕組みのもとでは、低い値付けをするほど裁量配分の余地は小さくなる。かといって、裁量配分の余地を増やすために高い値付けをしたのでは、配分の旨みがなくなる。

この提案をすることの理由は主として2つある。まず、IPO株購入者の大半が個人投資家である以上、彼らの需要をまったく無視して公開価格を決めることは望ましくない。そこで、目安としての仮条件を示したうえで、それに縛られずに需要申告することを認める。

次に、短期利得目的の個人投資家（いわゆるフリッパー）の行動に心理的ブレーキをかけることができる。これまで彼らは、公開価格が上限を超えて決定されることがなく、それによって高いリターンがほぼ確実に約束されていることを知っていたので、妥当な株価水準など考えることなく、無条件に上限で需要申告をして、運よく配分されたら初値で売り抜けるという行動を繰り返してきた。まさに価格形成に歪みがあることを象徴する現象である。上限制約に縛られる慣習を廃止すれば、そうした行動はとりにくくなる。

上述の提案の代わりに、投資家の需要の強さ次第で仮条件を上方ないし下方に修正するよう義務づけることも考えられる。しかし、その場合、届出書を追加で訂正し、指値注文をした投資家を対象に需要申告をやり直さなければならない。購入者の大半を小口の個人投資家が占める日本の場合、その方法はあまり現実的でない。それに、仮に上方修正しても、上限制約に縛られる慣習が残っているかぎり、再び上限で需要申告する投資家が出てくる可能性が高い。

提案❸　企業にとっての選択肢を増やす

上場方式（通常のＩＰＯ、直接上場）と値付け方式（ブックビルディング、入札）について企業に選択肢を与え、それぞれのメリット・デメリットを十分認識したうえで自由に選べるようにする。そうすることの目的は、企業の対主幹事交渉力を高めることにある。

そのために、まず、新興市場でも直接上場が可能となるようルールを改正する。同時に、米国のＳＥＣと同様の制度改正を行い、直接上場でも初日に新株を発行して投資家から直接資金を調達できるようにする。

ただし、仮にそれが可能になったとしても、公開価格による引受ではないので、調達額は上場するまでわからないという不確実性がある。また、事前に流動性を付与せずに発行するので、上場後に株価が乱高下する可能性もある。企業は、コスト面でのメリットだけでなく、そうしたデメリットも認識したうえで、直接上場を選択する必要がある。

ＳＰＡＣとの合併は、上場の選択肢を増やすという意味では効果がある。しかし、上場審査基準を満たせず通常のＩＰＯを実施できない企業が、裏口上場ともいうべきＳＰＡＣとの合併を選択することは、結果的に投資家を裏切ることになる。(4) ＳＡＰＣを解禁するのであれば、それを防ぐような設計にしたうえで実施すべきである。

次に、具体的なことは次節で述べるが、入札方式をより魅力あるものに改修し、意味のある選択肢として「復活」させる。とりわけ機関投資家が関心を示さないような小型ＩＰＯを実施する企業にとって、これは有力な選択肢となる。

提案❹　抑止効果が期待される統計資料を公表する

ＩＰＯを実施した企業が被った機会損失額を、第三者機関が一定の方法に基づいて算出し、主幹事別・発行規模別の統計を定期的に発表する。その際、オーバーシュートしている可能性の高い初値ではなく、一定期間後（例：上場1ヵ月後、3ヵ月後、6ヵ月後）の株価を用いて計算する。また、たとえば直近何年というふうに期間を限定し、安定的な統計を示せるよう、「主幹事担当件数が○件以上の証券会社」というふうに公表基準を設ける。

こうして計算される機会損失には、リスクに見合った正当な過小値付け部分も含まれる。しかし、期間を限定し、発行規模別にみることで、どこが小型ＩＰＯの主幹事を務めたときには機会損失が他社より大きくなる傾向がある、といった比較は可能となる。

算出に使われる原データは誰でも入手可能であるが、これをあえて公表する意味は2つある。1つは、上場検討企業に機会損失意識を植え付けることである。もう1つは、それを通して証券会社間の主幹事獲得競争を価格面から促進することである。これまでのような非価格面に偏った競争では、過度に低い値付けはいつまで経っても解消されない。

提案⑤　未公開株式のセカンダリー取引を拡充する

前節の要因⑥で述べたように、日本には未公開株式に対する個人投資家の需要を途中で吸収する場がない。そのため、その需要がＩＰＯ株に一気に集中する。小型ＩＰＯが大半で、需要に比して供給がかぎられていることもあり、多大な超過需要が発生しやすい。

また、今後、未公開企業の資金調達パイプが太くなり、成長して規模を大きくしてから上場する企業が増えてくると、ＩＰＯまで待てない既存株主の株式売却ニーズが高まることが予想される。そうなると、そのニーズを満たす受け皿が必要となる。それが整っていなければ、せっかく資金調達のパイプが太くなっても、企業に上場を急かすことになりかねない。

メンザス（２０１９）が指摘するように、米国で上場までの期間が長期化し、ＩＰＯの大型化が進んだ背景には、セカンダリー取引の場を運営するプラットフォームが続々と登場し、機関投資家のみならず個人投資家も未公開株式に投資できるようになったことがある。

そこで、未公開株式のセカンダリー取引を拡充し、個人投資家に参加の機会を与えることを提案する。ただし、ＩＰＯ以上にリスクの大きい投資となるので、無条件で認めることには慎重であるべきであろう。たとえば、リスク許容度に関して一定の条件を設けることなどが考えられる。また、リスク分散を図る意味で、未公開株式を組み入れた投資信託がもっと注目されて然るべきである。

機関投資家のインセンティブ問題について

提案❶は、主幹事から妥当な株価水準を聞かれた機関投資家が正直に回答することを暗に想定している。しかし、その保証は必ずしもない。なぜなら、できるだけ割安な価格で配分を受けるため、自身が妥当と考える水準より低い価格で回答するインセンティブを、機関投資家は有しているからである。

機関投資家がＩＰＯ株の主要な購入者である欧米では、これをいかに防ぐかが投資銀行にとっての大きな課題となっている。そこで広く行われているのが、部分調整と呼ばれる手法である。しかし、第７章（特に注４）でも述べたように、はたしてこれが日本で通用するのかは疑問である。

それよりも、提案❶・❷で示した修正ブックビルディング方式が実施されれば、そうしたインセンティブは発現しにくくなることを指摘しておきたい(5)。

3　意味のある選択肢としての入札方式の復活

なぜ入札方式は有名無実化したのか

前節で提案した修正ブックビルディング方式は、後述する単一価格方式下の入札に近い性質を備えている。それなのに、なぜ入札方式の復活を別に提案するのか。最大の目的は、選択肢を与えることで企業の対主幹事交渉力を高めることにある。

ブックビルディング方式が導入されて以来、入札方式が有名無実化してしまったのはなぜか。IPOのコスト構造をみるかぎり、大型IPOを実施する企業がブックビルディング方式を選択するのは不思議ではない。しかし、発行規模が小さくなるほど入札方式を選択した方が有利となるのに、まったく採用されていない。

日本型利益相反仮説に従えば答えは明白である。主幹事にとって、入札方式は引受手数料が稼げないだけでなく、裁量の余地がほとんどないので魅力がない。つまり、意図的に低く値付けしたIPO株を投資家に選別的に配分して手数料を稼ぐといったことができない。そこで、交渉力の劣る小規模企業に対しては、最初からブックビルディング方式の採用を前提とした提案を行う。

それ以外の解釈も理論的には可能である。たとえば、IPOのコストだけみたら入札方式の方が有利であっても、主幹事との関係を良好に保つことが長期的・総合的にみて得策だと判断したら、ブックビルディング方式の採用を前提とした提案を企業は受け入れるかもしれない(6)。

もっとも、日本でその解釈を支持するような実証結果に筆者は出会ったことがない。

さらに、従来の入札方式がもつ設計上の問題点も見逃せない。特に、どの投資家も1単位しか入札できない仕組みになっていて、小口の投資家しか事実上参加しようとしない。そのため、公開価格は個人投資家の人気度合いに大きく左右され、適正な水準から乖離する可能性が高い。これは、証券業界がブックビルディング方式の導入を行政当局に働きかけたときに主張した入札方式の問題点でもある（第1章3参照）。

復活に向けての試案

そうした点を踏まえて、入札方式の復活に向けて次の提案を行う。

まず、機関投資家に参加の誘因を与え、彼らの声が入札結果に反映されるよう、投資家が札に記すことのできる購入希望株数に可能なかぎり制限を設けない。ただし、無制限にすると安定株主対策などに悪影響を及ぼす可能性があるので、機関投資家が関心をもちうる範囲で上限を設けてもよい。

新規公開株数のうち入札にかける割合は、従来と同様、50%以上の範囲で、主幹事と協議のうえ、自由に設定できるものとする。一般に、入札割合を高くするほど、非入札株式の配分が不要となるので、引受手数料は安くなる。しかし、入札参加資格を満たしているかぎり落札者を選ぶことはできないので、株主構成に及ぼす影響はそれだけ不明となる。

従来は、非入札株式の配分についても、入札株式と同様の割当資格制限や取得株数制限が課されていた。しかし、これでは、引受証券会社が入札方式を採用するメリットはほとんどない。制限を緩和し、非入札株式の配分に裁量の余地を与えることを検討する。

肝心の入札方法であるが、大別すると2つ考えられる。1つは複数価格方式で、各落札者が自分の入札した価格で購入する方法である。従来の入札方式がこれであり、当時は、落札加重平均価格を主幹事が割り引くかたちで非入札株式の公開価格が決められていた。

もう1つは単一価格方式で、最低落札価格（清算価格）をすべての落札者に適用する方法である。これが採用された場合、非入札株式にも同じ価格が適用されることになる。

どちらがよいかは意見の分かれるところであるが、筆者は、主幹事による裁量的な割引の余地をなくし、値付け面での透明性を高めるという意味でも、また、発行企業の期待収入を高めるという意味でも、単一価格方式がよいと考える。(7)

入札価格に関しては、投資家に目安を示すという意味もあり、一定の方法で算出した下限価格は設けるが、上限価格は設けない。この点は従来と同じである。

最後に、入札方式を提供する証券会社について触れておきたい。1つの証券会社が2つの値付け方式を選択肢として提示してもよいのだが、ブックビルディング方式を選択するよう企業に圧力がかかる恐れがある。

そうした圧力を受けずに企業が自由に選択できるよう、入札方式による値付けと配分を専門に営む引受証券会社が登場し、主幹事獲得競争に参加することを期待したい。入札業務がインターネットとの相性がよいことと、小型ＩＰＯはコスト面で入札方式が向いていることを考えると、当然あってよい動きである。

4　上場検討企業は何をすべきか

◥上場時の機会損失を減らす努力が必要

上場の主たる目的が「成長に必要なリスクマネーの調達」であれば、上場時の機会損失を減らすことは成長戦略を実現するうえで必要である。また、「既存株主への投資回収機会の提供」が主たる目的の場合も、直接上場が困難な現状ではＩＰＯ（売出し）に頼るしかなく、やはり上場時の機会損失を減らすことは既存株主の利益につながる。

では、具体的に何をすべきか。企業の視点から3つほど述べておこう。

可能なかぎり規模を大きくしてから上場する

規模の小さいうちに上場すると、ただでさえリスクが大きいと認識されるだけでなく、対主幹事交渉力が弱いため、必要以上に低く値付けされる恐れがあることを覚悟する。それによる機会損失を自力で減らそうとしたら、成長して規模を大きくしてから上場するしかない。そのために、VCをはじめとして、未公開のままリスクマネーを調達する方法を可能なかぎり探る。株式投資型CFや官民ファンドの利用も選択肢に入れる。

VCから出資を受けるということは、単に規模を大きくしてから上場することの助けになるだけではない。プロの投資家が大株主として参加していれば、不当に低い値付けに対して根拠のある「待った」をかけてくれることも期待できる。

関心をもってくれる機関投資家を積極的に開拓する

現在は海外の機関投資家を中心にもっぱら大型案件について行われているIMが、将来的に対象が拡大されることを見越しての話であるが、企業は自社に関心をもってくれる機関投資家を、内外を問わず、積極的に開拓する必要がある。(8) 主幹事も機関投資家への事業紹介のかたちでそれを支援することが望まれる。

小型案件でも機関投資家に関心をもってもらうことの意義は、大きく2つある。第1に、彼らの関心を仮条件に反映させることができる。主幹事としても、大口の買い手候補がいるかぎり、彼らの声を無視した値付けはできないはずである。そのためにも、プレ・ヒアリングが明文化されたかたちで認められることが、環境整備として必要である。

第2に、機関投資家の関心の根拠が企業の成長可能性にあり、それゆえある程度長期の保有が見込まれるのであれば、安定株主対策にとってもプラスである。

◣直接上場や入札方式も選択肢として視野に入れる

新興市場での直接上場が解禁されることを見越しての話であるが、通常のＩＰＯではなく、引受を伴わない直接上場を実施し、上場後に必要に応じて公募増資を行うことも選択肢として検討する。その方が機会損失を被らずに済む。

また、とりわけ小規模企業の場合、入札方式の選択も視野に入れる。主幹事の選定に際しては、入札方式の選択を認めることを条件として提示する。証券会社にとっても、ネットとの相性がよい入札方式の復活は新たなビジネス・チャンスとなるはずである。

【注】

（1）以下で示す提言の一部は、すでに金子（2019）、金子（2020）、鈴木（2021）などで取り上げられている。特に鈴木（2021）は、本書で論じていない部分についても踏み込んだ提言を行っている。

（2）値付けが適切になされても不公正な配分がなされる可能性は残る。その場合は、必要に応じて最小限の規制を課せばよい。値付けが適切になされているのに配分まで厳しく縛り付けるのは、効率的配分の観点から望ましくないと考える。

（3）このことは、米国と同様、公開価格決定後の申込期間を実質的に不要とするので、公開日までの所要日数を大幅に減らすことにつながる。

（4）Gahng, Ritter, and Zhang（2021）の米国データを用いた最近の分析によると、合併成立後の一定期間（1年間および3年間）における既存株主のリターンは有意にマイナスである。つまり、SPACとの合併は平均的にみると株主価値を毀損させている。

（5）いま、関心のある案件に対して、機関投資家が意図的に低い価格で回答したとしよう。あるいは、目論見書に記載された想定発行価格が明らかに低いとわかっていても、それを「妥当な水準」と回答したとする。そして、彼らの回答を反映するかたちで仮条件が低めに設定されたとしよう。

従来の方式であれば、公開価格はせいぜいその上限で決まるので、彼らは問題なく配分を受けられる。つまり、意図的に低く回答する作戦が功を奏す。しかし、修正案がうまく機能すれば、彼らの回答を超えた水準で公開価格が決定され、配分を受けられなくなる（あるいは配分が減らされる）可能性がある。したがって、意図的に低く回答しようとする誘因はそれだけ抑制される。

（6）米国でも入札方式によるIPOは可能であり、その代表格が、グーグル（Google）が採用したことで有名な、WRハンブレヒト（WR Hambrecht）社によるオープンIPO（OpenIPO）である。しかし、採用件数は明らかに伸び悩んでいる。なぜコストの高いブックビルディング方式ばかりが選択されるのかは、米国の研究者の間でも謎となっている。これに対しては、上場後の株価動向に神経をとがらす企業経営者が、影響力のある優秀なアナリストを自社担当に回してもらうことを条件に、投資銀行の提案を受け入れているとする説が有力である（たとえば、Cliff and Denis（2004）、Ritter（2014））。

（7）入札を複数価格方式で実施しようと単一価格方式で実施しようと、一定の仮定のもとでは売り手の期待収入は変わらない（収入同値定理）。しかし、株式のように、一般的な評価額が決まっており、不相応に高い価格を付けて落札すると損失を被る可能性（「勝者の呪い」の可能性）が高い商品の場合、単一価格方式を採用した方が売り手の期待収入は高くなることが証明されている（たとえば上田（２０１０）参照）。

（8）この点、『日本経済新聞』の２０２１年1月19日付朝刊第17面「新興、海外マネーで育つ」と、同年4月23日付朝刊第15面「ユニコーン「ビズリーチ」上場」が参考になる。

第12章　新興企業も投資家も健全に育つ市場へ

1　負の連鎖に陥っている日本のＩＰＯ

本書では、主として新興企業によるＩＰＯに着目し、そのリターンが異常に高く、規模の小ささからくるリスクではとても説明できないことを指摘し、それがなぜなのかについて原因の解明を試みた。答えを一言でいうなら、ホールセール・リテール一体型の日本型総合証券モデルを展開する大手証券会社の利益相反誘因が、ブックビルディング方式への移行に伴って発現しやすくなり、主幹事が公開価格を必要以上に低く設定しているため、ということになる。ここで「必要以上に」とは、リスクに見合う水準以上に、という意味である。

この解釈が正しければ、ＩＰＯを実施した新興企業は不当に大きな機会損失を被り、逆にＩＰＯ株の割り当てを受けた投資家は不当に大きな利益を手にしていることになる。

合法的で合理的とはいえ、公正とはいいがたいこの値付け慣行を是正するには何をすべきか。本書では、制度の大枠を維持することを前提に、利益相反誘因の発現を抑えるための提案を行った。

値付けのあり方に焦点を絞ったこの種の議論に対しては、証券業界から「全体の一部を切り取った議論ではないか」という批判がなされている。(1) 確かにそうかもしれない。しかし、値付けに関する証券会社の悪しき慣行を是正することは、日本のＩＰＯが陥っている「負の連鎖」を断ち切るうえで重要な一歩である。全体の一部だからといって無視してよいという話では決してない。

ここで負の連鎖とは、主要な部分だけを切り取って簡単に述べるなら、次のようなものである。ただし、相互の因果関係は必ずしも一方向ではない。
①ＶＣが十分に発達していないため、新興企業が成長のためのリスクマネーを調達しようとしたら、ごく小規模のうちから上場するしかない。そのため、対主幹事交渉力の劣る小規模企業によるＩＰＯが大半を占めている。

②機関投資家は小型ＩＰＯに関心を示さない。そのため、本来なら仮条件の決定を通して値付けに影響を及ぼすはずの彼らの意見が、小型ＩＰＯの場合、反映されにくい。

③代わりに、小型ＩＰＯでも旺盛な需要を示すのが、リテール業務の主要顧客である個人投資家である。ところが、需要の大きさに比して小型ＩＰＯは供給がかぎられている。そのため、何らかの理由で公開価格が低く押さえられると、多大な超過需要が発生し、上場日に高いリターンが生じやすくなる。

④そうした状況を利用して、主幹事は小型ＩＰＯの公開価格をリスクに見合う以上に低く設定し、高いリターンがほぼ確実に約束された株式を顧客の投資家に割り当てる。これが③で述べた個人投資家の需要をさらに刺激する。

⑤一方、過度に低い値付けのため、新興企業はＩＰＯで十分な資金を調達できない。未公開株式に投資するＶＣもリスクに見合った回収が見込めず、投資パフォーマンスが向上しない。そのため、ＶＣに資金が集まりにくい。これが最初の①につながる。

ほんの概略でしかないが、これが日本のＩＰＯが陥っている負の連鎖である。このうち、前章で述べた是正策は主として④に関するものである。もちろん、これだけですべてが解決するわけではないが、これを断ち切ることで事態は間違いなく改善する。

2　値付けに必要とされる「市場」の視点

ＩＰＯというのは、企業の株式が市場取引の「舞台」に登場するための重要なイベントである。その際、株式発行を伴わずにデビューすることも可能であるが、ほとんどの場合、円滑なデビューを図るため、企業はＩＰＯを実施する。そのため、ＩＰＯは非市場的な側面と市場的な側面を併せもつ。

すなわち、株式をいくらで発行するか、誰にどれだけ配分するかは、制度によって程度の差こそあれ、人為的に決めざるを得ない。その意味でＩＰＯは非市場的である。

一方、どういう企業がどういう目的で株式を発行するといった情報は、完全とはいえなくても、すでに投資家に伝わっており、投資家の需要は存在する。供給の方も発行予定株数というかたちで決まっている。つまり、市場を構成する需要と供給（したがって需給均衡価格）は、オモテに表れていないものの、存在する。その意味でＩＰＯは市場的である。

ところが、日本のＩＰＯでは、非市場的な側面ばかりが重視されてきた。最大の理由は、需要の強さを探ることが難しいからではなく、探ることが証券会社にとって得策でないからである。需要の強さをあえて探らず、裁量的に値付けをして配分する方が、はるかに旨みがある。

入札方式が定着しなかった最大の理由は、筆者にいわせれば、ここにある。

日本の大手証券会社のもつ情報収集・分析力をもってしたら、投資家の需要の強さを事前に把握することはある程度可能である。そうした行動を妨げている要因があるとしたら、規制や規則の類である。たとえば、届出前の需要調査（プレ・ヒアリング）を実施しにくくしている業界規則などは、その典型といえよう。

米国や欧州の例が示すように、需要の強さを値付けに反映させる工夫が少しでもなされていたら、これほど激しい過小値付け現象は起こらなかったはずである。新興企業も本来の実力により近い価格で株式を発行できたはずである。値付けに「市場」の視点を持ち込む必要があることを、あらためて強調したい。

3　成長戦略会議の実行計画をめぐって

日本の新興企業が大きく育たないことに危機感を抱いている政府の成長戦略会議は、2021年6月、「成長戦略実行計画」をまとめた[2]。そこには、成長戦略を実行に移すための提言が多岐にわたって述べられている。その中の第7章で、新興企業に成長資金が流れるための解決策として、SPACの解禁とともに、IPOの値付けの是正が提言されている。過度に低い値付けが新興企業の成長を資金面から妨げているという考えの筆者は、そこまで踏み込んだ提言がなされたことを高く評価したい。

しかし、予想されたとおりであるが、これに対しては証券業界やマスコミから強い反発が起こっている[3]。たとえば、そうした提言は「解決策としては的外れにみえる」としたうえで、「規制緩和などを通して、投資に値するスタートアップが日本に育つ環境を作るのが先決」であり、「急成長する魅力的なスタートアップがあれば、必ずおカネはついてくる。そんなスタートアップが見当たらないからおカネが集まらないのだ」（２０２１年8月14日付『日本経済新聞』朝刊第10面「日本勢への投資、世界で見劣り」）という。

正論である。筆者は（的外れという指摘以外）何の異論もない。しかし、だからといって、証券会社の値付け慣行を放置してよいということにはならない。この慣行がそのまま残っていたら、将来、環境が整備されて魅力的なスタートアップが続々と育ってきても、コストが異常に高い日本で上場しようとは思わない。「おカネがついてくる」のはもっぱら海外からである。証券業界はそれでよいのだろうか。このまま悪しき慣行を続けていたら、日本の証券市場は世界から置いていかれるばかりである。どちらが先決かという順序を議論している場合ではない。

さらに、この政府案に対しては、実務を担う専門家たちから「市場の実態を理解していない無理筋の案」という批判が相次いでいる（同記事より）。はたして彼らのいう「市場」とは何だろうか。筆者にいわせれば、ＩＰＯの値付けに関するかぎり、市場の論理を無視して無理筋を通してきたのは証券業界である。

そうした批判をする人たちには、どうして日本のＩＰＯのリターンが欧米諸国を平均で60％ポイント超も上回っているのか、科学的根拠に基づく説明をしてもらいたい。単に「小ぶりな銘柄はリスクが大きい」というだけでは説明がつかないことは、本書で明らかにしたとおりである。

4　結び――新興企業も投資家も健全に育つ市場へ

投資対象としてみたとき、ＩＰＯ株が既上場株よりリスクが高いのは自明である。ここでいうリスクとは、将来の収益変動性に代表される狭義のリスクだけでなく、投資家が嫌がる要因すべてを含む広義のリスクである。たとえば、上場前の株式のように、現在の価値がよくわからないというのも投資家にとってはリスクである。これなどはＩＰＯに固有のリスクといえよう。

リスクがあると、投資家はそれを受け入れることに対する報酬（プレミアム）を要求する。つまり、そのぶん割り引かれた価格でないと購入しようとしない。

したがって、ＩＰＯ株が低く値付けされるのは、リスクに見合ったプレミアムを提供するためと考えれば、当然である。問題は、リスクに見合った正当な値付けなのかどうかである。これを正確に判断することは困難であるが、比較の手法により推定することは可能である。本書がとってきたアプローチはまさにこれである。

同じＩＰＯでも、成長軌道にまだ乗っていない小規模企業の方が、大規模企業よりリスクが高いのは、やはり自明である。つまり、それだけ高いリターンが要求される。ところが、実際には、ＩＰＯの規模が小さくなると、リスクではとても説明できないような異常に高い初期収益率が観察される。米国との規模別比較をすると、その異常さは明白である（図表６・２）。逆に、大型ＩＰＯの初期収益率は米国よりも低い。

過度に低い値付けによって新興企業がいかに大きな機会損失を被っているかは、すでにみたとおりである。オーバーシュートしている可能性が高い初値ではなく、値動きが落ち着いてくる上場１ヵ月後の株価を用いて試算しても、東証マザーズに上場した企業の損失負担比率は群を抜いて高い（図表６・３）。過度に低い値付けが新興企業の成長を資金面から阻害していることは、容易に理解できる。

本来、ＩＰＯ株というのはハイリスク＆ハイリターンの金融商品である。したがって、それに投資する人は、そのことをあらかじめ覚悟しなければならない。ところが、日本の小型ＩＰＯ株は、証券会社から配分を受けた投資家にとって、ノーリスク＆ハイリターンに近い金融商品である。配分を受けるために投資家がそれなりの努力をしていることは認めるが、そのことと小型ＩＰＯ株のもつ商品特性とは関係がない。

話はそれるが、配分というと多くの読者は抽選配分を連想するかもしれない。そして、抽選に当たるのは宝くじに当たるようなものだと思っているかもしれない。間違いではないが、個人投資家向け配分株数に占める抽選配分の割合は、ネット専業証券会社を別とすれば、平均10％台である（図表10・1）。しかも、当選者への配分株数は1人1単元（１００株）にかぎられている。

逆にいうと、残りは引受証券会社の裁量（非抽選）で配分されている。しかも、その場合の個人1人あたり配分株数は、平均で抽選の約10倍である。つまり、それだけ裁量の余地が大きい。これが顧客への取引誘引効果を生み、利益相反行為の動機となっている。

では、具体的にどういう個人投資家が証券会社からそうした裁量配分を受けているのだろうか。残念ながら、配分先投資家に関するデータが入手不能なので推測の域を出ないが、より大きな取引誘引効果が期待されるいわゆる富裕層であることは容易に想像される。

話を戻して、事実上ノーリスク&ハイリターンの株式が、（抽選に当たるという意味で）運のよい投資家や（証券会社の取引誘引期待に添うという意味で）お行儀のよい投資家に配分されることの意味を考えてみよう。実際に配分を受け、初日に売り抜けて「濡れ手に粟」を得た人たちや、その体験談を聞いた人たちは、リスク覚悟で株式に投資しようとは思わなくなる。安易にリターンを稼ぐことばかり考え、証券会社もその期待に応えようとする。

そういうことが繰り返されれば、個人投資家は間違いなくスポイルされる。政府は「貯蓄から投資へ」をスローガンとして掲げているが、これでは、国民に健全な資産形成の一環として株式や投資信託を長期的に保有してもらい、それを通してリスクマネーの安定的な最終供給者になってもらうことなど、望めそうにない。大袈裟に聞こえるかもしれないが、筆者はそれぐらいの危機感を抱いている。

少数意見であることを承知のうえでいうなら、日本は、投資家保護の名のもとに、個人投資家をあまりに過保護にしてきたのではないだろうか。リターンが欲しければリスクを覚悟するという当たり前の自己責任意識が個人に浸透しているとは、とても思えない。

本来ならハイリスクのはずのＩＰＯ株が、ほぼノーリスクの状態に「加工」され配分されていることが問題視されないのは、その過保護さを逆に物語っている。そして、その裏返しとして、ＩＰＯ株の発行者である新興企業が多大な犠牲を強いられている。

このままでは、新興企業のみならず投資家も健全に育たない。値付けの歪みを是正することは、国家の成長戦略を実現するうえで、ぜひとも必要である。利益相反が絡む問題であるだけに、解決を業界団体に任せきりにするのではなく、政府が積極的に関与していくことを強く望む。

【注】

（1）2021年8月12日付『日本経済新聞』朝刊第1面「公取委、新規上場「値決め」調査」参照。
（2）https://www.cas.go.jp/jp/seisaku/seicho/
（3）代表的な例として、日本証券業協会会長記者会見（2021年6月16日）要旨。

あとがき

「はじめに」で強調したように、本書の最大の目的は、日本のＩＰＯの価格形成がいかに歪んでいるかを明らかにし、読者に問題意識を共有してもらうことにある。後半で展開した解釈や提言は、今後、この問題をめぐる議論が活発化することを期待しての試論に過ぎない。これを1つのきっかけとして、歪みの是正が進めば幸いである。

私は、現行の値付け方式に切り替わった1990年代後半より、日本のＩＰＯの抱える問題を経済学的視点から考察してきた。ところが、その間、一般の方で、日本のＩＰＯはおかしいという認識をもった人に出会うことはほとんどなかった。せいぜい「ＩＰＯって儲かるんでしょ。どうやったら手に入るの」といった質問を受けるくらいである。実際、証券会社から運よくＩＰＯ株——特にＩＴ系を中心とした小型銘柄——の割当を受けた投資家は、初日に売り抜けることでほぼ確実に高いリターンを得ている。

「高いリスクを覚悟しなければ高いリターンは得られない」という本来あるべき経済原則が、

日本のＩＰＯに関してはまったく成り立っていない。それは、圧倒的多数を占める小型ＩＰＯの公開価格が、需給とは関係なく、低く設定されているからである（注：少数の大型ＩＰＯは逆の傾向にある）。

ＩＰＯの値付け自体は、市場が成立する前に行われるので、市場原理が直接働くことはない。多かれ少なかれ、それは人為的になされる。しかし、上場前であっても企業の情報は公開されているので、ＩＰＯ株に対する投資家の需要は存在する（注：供給サイドはほぼ決定済み）。事実、欧米では、主たる買い手である機関投資家の需要を事前に探り、それを公開価格に反映させる仕組みができている。そのため、初値のみならず、公開価格も需給をある程度反映して決められるので、両者の比で決まるリターンが極端に高くなることはない。

ところが、日本では、その仕組みが形式的には導入されているものの機能しておらず、分子の初値のみが需給を反映して決まっている。そのため、リターンはその時々の市場実勢を反映して大きく変動する（図表４・２参照）。

日本の場合、リテール業務を兼営する総合証券会社がもっぱらＩＰＯの引受主幹事を務め、彼ら主導で公開価格が決定され、機関投資家が関心を示さないこともあり、個人投資家を中心に配分がなされる。その際、主幹事は、特に小型のＩＰＯに対して、リスクの大きさではとても説明できないような低い値付けを行い、ほぼ確実に儲かる商品に「加工」したうえで顧客に割り当てる。そうすることで、投資家に口座の開設や各種注文の増加を促すことが可能となる。その裏側で、成長資金を必要とする新興企業が多大な損失を被っている。これが私なりの解釈のエッセンスである。

断っておくが、行政当局や業界団体の定めたルールに従っているという意味で、証券会社のそうした行動は合法的である。それどころか、日本の証券会社を取り巻く制度環境のもとでは、きわめて合理的な行動である。問題があるとしたら、小規模企業に対する優越的地位濫用の可能性も含め、そうした行動を可能にしてきたルールの方である。

幸い、政府が２０２１年６月に発表した「成長戦略実行計画」の指摘を受けて、日本証券業協会は公開価格の決定プロセスを見直す作業に入っている。予定では、本書の刊行より前に報告書がとりまとめられているはずである。そうした動きが出ているのはたいへん望ましいことであるが、業界団体主導の見直しではたしてどこまで踏み込んだ改革がなされるのか。注目されるところである。

本書で分析対象としたＩＰＯは２０２０年までのものであるが、この「あとがき」の執筆にぎりぎり間に合ったので、２０２１年のＩＰＯについて少しだけ触れておく。同年はＩＰＯが活況を呈し、上場件数は15年ぶりの数字（１２５件）を記録した。しかし、12月に入って発行が過度に集中したこともあり、初値が公開価格を下回るケースが続出し、年間の平均初期収益率は56％まで低下した（図表4・1参照）。

この数字をみて、極端な過小値付けは解消されつつあると考えるのは早計である。本書で問題視している小規模ＩＰＯにかぎってみると、たとえば発行総額10億円未満の「超小型ＩＰＯ」のリターン平均値は113％にのぼる（中央値は100％、図表6・2参照）。新興企業が多大な損失を被っているという構図に何ら変わりはない。その点を強調しておきたい。

本書の執筆にあたっては、その準備段階も含め、多くの方々のお世話になった。

ＩＰＯ研究の第一人者であるジェイ・リッター氏（フロリダ大学）は、私の求めに応じて米国の個別ＩＰＯデータを提供してくれたばかりか、たびたびの質問に丁寧に答えてくれた。鈴木健嗣氏（一橋大学）とのオンラインによる意見交換は、それまでの私になかった視点に気付かせてくれ、非常に有益であった。ＩＰＯ研究をともにしてきた池田直史氏（日本大学）からは、多くの貴重なアドバイスを頂戴した。

経済産業省経済産業政策局で新産業振興政策に携わっていた皆様――特に太田優人氏（現産業技術環境局）――との幾度にも及ぶ意見交換は、制度や実情に関する私の理解不足を補ううえでたいへん有益であった。

私のゼミ出身で、証券業界の第一線で活躍している卒業生たちからは、実務経験に基づく貴重な話をたくさん聞かせてもらった。

本書とは直接関係ないが、学部時代の指導教授である故大熊一郎先生は、私に研究者への道を開いてくださった。また、大学院時代の指導教授である田村茂先生は、私が大学に残ってからも、研究者や教育者としてのあるべき姿を身をもって示してくださった。

慶應義塾大学出版社の木内鉄也氏からは、編集者の視点から、全体の構想から細部の表現に至るまで、改善につながるご指摘を数多く頂戴した。

以上の方々にはこの場を借りて厚くお礼を申し上げたい。

最後に、私事で恐縮だが、妻・恵美子の献身的なサポートがなければ、本書は刊行に漕ぎ着けなかったかもしれない。コロナ禍ということもあり、自宅に籠もりきりで執筆に取り組んでいた私を、彼女は全面的に支えてくれた。記して最大限の謝意を表したい。

2021年12月31日

金子　隆

【参考文献】

池田直史（2015）『IPOの理論・実証分析——過小値付けと長期パフォーマンス——』三菱経済研究所。

池田直史・金子隆（2015）「ブックビルディング方式は本当に優れているのか?——IPOの価格決定方式に関する比較再検討——」『三田商学研究』57巻6号37～59頁。

植田統（2019）『日米ビジネス30年史』光文社。

上田晃三（2010）「オークションの理論と実際：金融市場への応用」『金融研究』29巻1号47～90頁。

岡田功太・下山貴史（2019）「米国のIPO活性化及びスタートアップ企業への投資促進に係わる政策——JOBS法3・0を中心に——」『野村資本市場クォータリー』2019年夏号43～54頁。

岡村秀夫（2013）『日本の新規公開市場』東洋経済新報社。

金子隆（2019）『IPOの経済分析——過小値付けの謎を解く』東洋経済新報社。

金子隆（2020）「日米比較を通してみる値付けの歪み——「IPO神話」復活の兆しに問う——」『三田商学研究』63巻5号91～114頁。

忽那憲治（2008）『IPO市場の価格形成』中央経済社。

経済産業省（2018）「第四次産業革命に向けたリスクマネー供給に関する研究会——とりまとめ参考資料」。（https://www.meti.go.jp/report/whitepaper/data/pdf/20180629001_3.pdf）

佐々木磨（2007）「IPO制度の変遷——入札制度からブックビルディング方式へ——」『証券アナリストジャーナル』45巻9号21～34頁。

鈴木健嗣（2017）『日本のエクイティ・ファイナンス』中央経済社。

鈴木健嗣（2021）「IPO企業の公開価格形成に関わる提言（上・下）」『証券レビュー』61巻9号49～68頁・10号41

～56頁。
浪川攻（2020）『証券会社がなくなる日――IFAが「株式投資」を変える』講談社現代新書、講談社。
二上季代司（2018）「証券会社経営の時系列的分析」日本証券業協会資料室。(https://www.jsda.or.jp/shiryoshitsu/toukei/past/keibunseki.html)
日本証券業協会（1997）「「株式公開制度の改善策」について」『証券業報』平成9年4月号50～52頁。
日本証券業協会（2005）「新規公開株の配分のあり方及び価格決定等について～「新規公開株の顧客への配分のあり方等に関するワーキング・グループ」報告書～」。(http://www.jsda.or.jp/shiryoshitsu/houkokusyo/h20/files/houkoku051114.pdf)
日本証券業協会（2012）「配分ルールのあり方について～「募集株券等の配分に係る規制のあり方に関する検討分科会」報告書～」。(https://www.jsda.or.jp/shiryoshitsu/houkokusyo/files/haibun_houkokusyo-1.pdf)
日本証券業協会（2020）「非上場株式の発行・流通市場の活性化に関する検討懇談会（第1回資料）事務局説明資料――非上場株式の一層の活用――」。(https://www.jsda.or.jp/about/kaigi/jisyukisei/gjigaiyou/hijojokon.html)
野村亜紀子（2005）「米国SECのIPO銘柄割り当てに関する規則改正案」『資本市場クォータリー』2005年冬号1～8頁。
船岡健太（2008）「新規公開株式のプライシングにおける機関投資家の役割――日本とアメリカの比較――」『証券経済研究』63号1～27頁。
ベンチャーエンタープライズセンター（2020）『ベンチャー白書2020』。
みずほ証券編（2014）『新規上場実務ガイド（第2版）』中央経済社。
メンザス、スピリドン（2019）「毎年増加している米国に比べてなぜ日本ではユニコーン企業が育たないのか」嘉治佐保子・中妻照雄・福原正大編『フィンテックの経済学――先端金融技術の理論と実践』慶應義塾大学出版会、第7章（後半）。
若園智明（2019）「米国における資本形成の変遷：公募市場と私募市場」『証券経済研究』107号1～19頁。

Cliff, Michael T. and David J. Denis (2004), "Do Initial Offering Firms Purchase Analyst Coverage with Underpricing?" *The Journal of Finance* 59(6), pp.2872–2901.

Gahng, Minmo, Jay R. Ritter, and Donghang Zhang (2021), "SPACs," The University of Florida Working Paper. (https://ssrn.com/abstract=3775847)

Jagannathan, Ravi and Ann E. Sherman (2006), "Why Do Auctions Fail?" NBER Working Paper No.12151. (https://www.nber.org/papers/w12151)

Jenkinson, Tim, Howard Jones, and Felix Suntheim (2018), "Quid Pro Quo? What Factors Influence IPO Allocation to Investors?" *The Journal of Finance* 73(5), pp.2303–2341.

Jenkinson, Tim, Alan D. Morrison, and William J. Wilhelm (2006), "Why are European IPOs so Rarely Priced Outside the Indicative Price Range?" *Journal of Financial Economics* 80, pp.185–209.

Kaneko, Takashi and Richard H. Pettway (2003), "Auction versus Book Building of Japanese IPOs," *Pacific-Basin Finance Journal* 11(4), pp.439–462.

Liu, Xiaoding and Jay R. Ritter (2010), "The Economic Consequences of IPO Spinning," *The Review of Financial Studies* 23(5), pp.2024–2059.

Miller, Edward M. (1977), "Risk, Uncertainty, and Divergence of Opinion," *The Journal of Finance* 32(4), pp.1151–1168.

Ritter, Jay R. (2014), "Why is Going Public So Costly?" *Forbes*, June 19, 2014.

Ritter, Jay R. (2021a), "Initial Public Offerings: Updated Statistics." (https://site.warrington.ufl.edu/ritter/files/IPO-Statistics.pdf)

Ritter, Jay R. (2021b), "Initial Public Offerings: International Insights." (https://site.warrington.ufl.edu/ritter/files/International.pdf)

Reuter, Jonathan (2006), "Are IPO Allocations for Sale? Evidence from Mutual Funds," *The Journal of Finance* 61(5), pp.2289–2324.

金子 隆（かねこ　たかし）
慶應義塾大学名誉教授

1953年生まれ。1975年慶應義塾大学経済学部卒、80年同大学院商学研究科博士課程単位取得退学。慶應義塾大学商学部助手、助教授を経て1992年教授。2013～2015年商学部長兼大学院商学研究科委員長。専門はコーポレート・ファイナンス。

主要業績に、“Auctions versus Book Building of Japanese IPOs,”（with R. H. Pettway, *Pacific-Basin Finance Journal*, vol.11, no.4, 2003）, “Relative Importance of Economic Factors in the U.S. and Japanese Stock Markets,”（with Bong-Soo Lee, *Journal of the Japanese and International Economics*, vol.9, no.3, 1995）, “International Bank Capital Standards and the Costs of Issuing Capital Securities by Japanese Bank,”（with R. H. Pettway and M. T. Young, *Journal of Banking and Finance*, vol.15, no.3, 1991）,『IPOの経済分析――過小値付けの謎を解く』（東洋経済新報社、2019年）、『アジア金融危機とマクロ経済政策』（分担執筆、吉野直行編、慶應義塾大学出版会、2004年）等。

日本型IPOの不思議
――価格形成の歪みを解き明かす

2022年3月25日　初版第1刷刊行

著　者――――金子隆
発行者――――依田俊之
発行所――――慶應義塾大学出版会株式会社
〒108-8346　東京都港区三田2-19-30
TEL〔編集部〕03-3451-0931
〔営業部〕03-3451-3584〈ご注文〉
〔　〃　〕03-3451-6926
FAX〔営業部〕03-3451-3122
振替　00190-8-155497
https://www.keio-up.co.jp/
装　丁――――後藤トシノブ
印刷・製本――株式会社加藤文明社
カバー印刷――株式会社太平印刷社

Printed in Japan　ISBN 978-4-7664-2816-2